COMITÉ DIOCÉSAIN DES PÈLERINAGES

ARRAS, AOUT 1879

PÈLERINAGE

DES DIOCÈSES D'ARRAS ET DE CAMBRAI

A LA SALETTE

Notre-Dame des Victoires, Paray-le-Monial, Ars, Fourvières, Montmartre

avec excursion

A LA GRANDE-CHARTREUSE

Sous le patronage de Sa Grandeur

MGR LEQUETTE

Évêque d'Arras, Boulogne et St-Omer

Et sous la présidence de M. le Chanoine GRAUX

Vicaire-Général du Diocèse

ARRAS

IMPRIMERIE DE LA SOCIÉTÉ DU PAS-DE-CALAIS

43, rue d'Amiens, 43

1879

Arras. — Société du *Pas-de-Calais*, imp. de l'Évêché,
P.-M. LAROCHE, directeur

21 Août 1879

EX-VOTO OFFERT A NOTRE-DAME DE LA SALETTE.

Par les Pèlerins des Diocèses de Cambrai et d'Arras

COMITÉ DIOCÉSAIN DES PÈLERINAGES

ARRAS, AOUT 1879

PÈLERINAGE

DES DIOCÈSES D'ARRAS ET DE CAMBRAI

A

LA SALETTE

N.-D. des Victoires, Paray-le-Monial, Ars, Fourvières, Montmartre

avec excursion

A LA GRANDE-CHARTREUSE

Sous le patronage de Sa Grandeur

MGR LEQUETTE

Évêque d'Arras, Boulogne et St-Omer

Et sous la présidence de M. le Chanoine GRAUX

Vicaire-Général du Diocèse

ARRAS

IMPRIMERIE DE LA SOCIÉTÉ DU PAS-DE-CALAIS

43, rue d'Amiens, 43

—

1879

Bénédiction spéciale accordée par le Saint-Père aux Pèlerins d'Arras et de Cambrai.

« Prosterné aux pieds de Sa Sainteté, le Comité diocésain
« des Pèlerinages à Arras, sollicite humblement une béné-
« diction spéciale pour les pèlerins d'Arras et de Cambrai
« à N.-D. de la Salette.

« PAUL DE CLERCK,
« *Président.* »

A M. PAUL DE CLERCK, A ARRAS,

« Le Saint-Père accorde, de tout cœur, la Béné-
« diction Apostolique pieusement sollicitée.

« L. CARD. NINA. »

CHEFS DE DIZAINES

M. l'abbé Graux, président du pèlerinage.
M. Ch. Vinchon, vice-président.
M. A. Laroche,
M. Dehau, } délégués du Comité diocésain des pèlerinages.
M. de Puisieux,
M. l'abbé Bonvarlet (*relator itineris*).
Mgr Leroy, de Houlle.
M. Charles Vamberque, de Lynde.
M. l'abbé Derut, de Wancourt.
M. l'abbé Fromont, professeur.
M. l'abbé Troncquoy, de Calais.
M. l'abbé Roger, de Tilloy.
M. l'abbé Bertrand, de Wimille.
M. l'abbé Tabary, de Nœux.
M. l'abbé Delohen, de Beaumetz-lez-Cambrai.
M. l'abbé Legrand, de Roubaix.
M. Maillard, architecte à Lille.
M. l'abbé Lefer, missionnaire apostolique, à Lille.
M. l'abbé Dolet, de Cambrai.
M. l'abbé Billot, curé de Wimille.
M. ***

ITINÉRAIRE

VENDREDI 15 AOUT.

Fête de l'Assomption de Notre-Dame.

Départ de la gare d'*Arras*, à 11 h. 13 m. du soir. — Prière de l'*Itinéraire*.

Pendant chaque journée de voyage, on récitera le Rosaire en trois fois, pour le Souverain Pontife, pour la France et pour les pèlerins.

Minuit. *Albert :* Récitation du chapelet en l'honneur de Notre-Dame de Brebières.

SAMEDI 16 AOUT.

Fête de S. Roch, confesseur.

Premier jour de la Neuvaine.

Méditation : Caractère miséricordieux de l'Apparition. C'est la *Mère de Dieu* qui vient dans sa bonté avertir *ses enfants* des malheurs qui les menacent et les invite à *revenir à Dieu*, afin d'arrêter le bras de son Fils, prêt à s'appesantir sur nous.

Arrivée à *Paris*, à 4 h. 35 m. du matin.

On se rend immédiatement à Notre-Dame des Victoires, où tous les autels ont été retenus pour les prêtres du pèlerinage. Chaque célébrant devra se procurer un servant de messe.

A 5 h., Messe de communion à l'autel de la statue miracul[illegible], avec allocution par M. Graux, vicaire-général.

A 6 h., départ pour la gare de Lyon.

Départ de Paris (gare de Lyon), à 7 h. 30 m.

9 h. 8 m. *Fontainebleau :* Récitation du chapelet en l'honneur de Notre-Dame des Victoires.

10 h. 42 m. *Montargis* (58 m. d'arrêt) : Déjeuner.

12 h. 43 m. *Gien* (souvenir de Mgr Parisis) : Chapelet aux intentions de l'Archiconfrérie réparatrice de Saint-Dizier.

3 h. 4 m. *Nevers* (51 m. d'arrêt) : Dîner.

6 h. 35 m. *Moulins-sur-l'Allier* (20 m. d'arrêt) : Changement de ligne.

7 h. 26 m. *Montbeugny* : Troisième chapelet en l'honneur de Notre-Dame du Sacré-Cœur.

10 h. 3 m. Arrivée à *Paray-le-Monial*.

Deux chapelains de la Basilique, Missionnaires du Sacré-Cœur, auront l'attention de se trouver à la gare pour donner aux pèlerins les renseignements dont ils auraient besoin.

DIMANCHE 17 AOUT.

L'octave de la fête de S. Laurent.

Second Jour de la Neuvaine.

MÉDITATION : Marie nous reproche notre révolte contre Dieu : Il est notre créateur et notre *Souverain Maître* ; donc nous sommes *entièrement à lui* ; et nous devons lui *obéir* en tout et chercher toujours *son bon plaisir*.

A 7 heures, Messe de communion au maître-autel du sanctuaire, avec allocution par M. le Président du pèlerinage.

Tous les autels de la chapelle de la Visitation sont retenus, à compter de 5 heures du matin, pour les prêtres du pèlerinage de Cambrai et d'Arras.

Le maître-autel dédié au Sacré-Cœur est entouré de 18 lampes qui brûlent constamment. — A gauche, se trouve le chœur des religieuses, séparé par une grille en fer. C'est là que l'on vénère les ossements de la bienheureuse Marguerite-Marie, conservés dans une châsse magnifique. — Parmi les bannières qui ornent la chapelle, on remarque avec émotion l'étendard de Patay, teint du sang des zouaves pontificaux.

A Paray-le-Monial, les pèlerins peuvent visiter la Basilique du Sacré-Cœur où l'on admire les bannières et le reliquaire de S. Blaise, la Chapelle des PP. Jésuites où se trouve le tombeau du P. de la Colombière, l'Hospice avec la Chambre des reliques, etc.

Départ de *Paray-le-Monial*, à 9 h. 50 m. du matin.

11 h. 29 m. *La Chapelle* : Récitation du premier chapelet en l'honneur de Notre-Dame du Sacré-Cœur.

1 h. 1 m. *Mâcon* (14 m. d'arrêt) : Déjeuner ; changement de ligne.

1 h. 45 m. Départ de *Mâcon*.

2 h. 51 m. Arrivée à *Villefranche*.

Départ immédiat pour *Ars* : Récitation du second chapelet en l'honneur de Notre-Dame de Lourdes.

4 h. Arrivée à *Ars*.

Salut solennel avec allocution.

Visite de l'ancienne chapelle, où l'on prie sur le tombeau du vénérable M. Vianney. — A droite, l'autel de la Sainte-Vierge où le saint curé d'Ars célébrait la sainte messe tous les samedis, pour remercier Dieu d'avoir créé Marie *Immaculée* et de lui avoir donné un cœur si bon pour les pécheurs. — A gauche, la chapelle de Sainte-Philomène, et le confessionnal de M. Vianney.

Visite de la chambre du presbytère, où l'on conserve divers objets qui ont servi au vénérable curé d'Ars ; — de la maison de la Providence, où se trouve le *Pétrin miraculeux* dans lequel, à la prière de M. Vianney, la farine s'est multipliée pour nourrir la communauté en détresse ; — de la maison des Missionnaires, où l'on admire la statue du saint curé d'Ars.

7 h. du soir. Départ d'*Ars* en omnibus.

8 h. 17 m. Départ de *Villefranche*.

8 h. 49 m. *Saint-Germain* : Troisième chapelet en l'honneur de Notre-Dame de Bon-Secours.

9 h. 43 m. Arrivée à *Lyon-Perrache*.

LUNDI 18 AOUT.

La fête de Ste Hélène.

Troisième jour de la neuvaine.

MÉDITATION : Marie nous avertit de la gravité des péchés des hommes : « Je ne puis plus retenir le bras de mon Fils... Depuis le temps que je souffre pour vous... » Considérons la *malice* du péché mortel, la *folie* du pécheur et les terribles *effets* du péché mortel.

Tous les autels du sanctuaire de Notre-Dame de Fourvières sont réservés, à compter de 5 h. du matin, pour les prêtres de Cambrai et d'Arras.

A 7 h. Pèlerinage à N.-D. de Fourvières, en récitant le chapelet. On pourra traverser le jardin du Rosaire.

A 8 h. Messe de communion à l'autel privilégié, avec allocution par M. Graux, vicaire-général.

A 9 h. Déjeuner sur la terrasse.

Magnifique point de vue.

A 9 h. 1|2. Visite du Champ des Martyrs, de la crypte de saint Irénée, de la prison de saint Potin et de sainte Blandine.

A 11 h. 55 m. Départ de la gare de *Lyon-Perrache*.

12 h. 24 m. *Saint-Priest* : Récitation du second chapelet en l'honneur de Notre-Dame du Rosaire.

3 h. 40 m. *Voiron* : Troisième chapelet en l'honneur de Notre-Dame des Sept-Douleurs.

4 h. 30 m. Arrivée à *Grenoble*.

MARDI 19 AOUT.

Fête de S. Joachim, père de la très sainte Vierge.

Quatrième jour de la neuvaine.

MÉDITATION : Notre-Dame verse des larmes sur les outrages faits à son divin Fils et sur les malheurs qui nous menacent : Méditons sur les terribles châtiments que le péché attire sur nous pendant notre vie... et après notre mort... Evitons l'enfer à tout prix.

A 3 h. du matin, messe pour tous les pèlerins, célébrée par M. Graux, vicaire-général, à l'église Saint-Louis. — Déjeuner.

A 4 h. précises, départ de *Grenoble* pour *Corps*.

A 8 h. sur les hauteurs de *Vizille*, récitation du premier chapelet, en l'honneur de Notre-Dame des Sept-Douleurs.

A 10 h., arrivée à *La Mure*. — Dîner.

A 12 h., départ de *La Mure* : Récitation du deuxième chapelet, en union avec les pèlerins de Notre-Dame de Lourdes.

A 3 h., arrivée à *Corps*. Départ immédiat pour la Salette où nous devons arriver à 6 h.

A 4 h., chapelle de Notre-Dame du Gournier, récitation du troisième chapelet en l'honneur de Notre-Dame de la Salette.

A 6 h., arrivée sur les lieux de l'*Apparition*. — Chant du *Magnificat*.

A 7 h., réception solennelle des Cardinaux et des Evêques : Leurs Éminences les Cardinaux de Paris et de Toulouse, Nos Seigneurs les Archevêques de Besançon, d'Avignon et de Chambéry, les Évêques de Gap, d'Aix, de Valence, de Fréjus et Toulon, de Saint-Jean de Maurienne, de Viviers, etc.

Discours de bienvenue par Mgr Fava, évêque de Grenoble, et procession sur les lieux de l'Apparition.

A 8 h., sermon dans la Basilique, par Mgr Cotton, évêque de Valence, et salut solennel.

A 11 h. du soir, procession aux flambeaux ; et chemin de croix sur les lieux de l'Apparition, présidé par Mgr Fava.

MERCREDI 20 AOUT.

Fête de S. Bernard.

Cinquième Jour de la Neuvaine

Méditation : « Vous aurez beau faire, jamais vous ne pourrez récompenser la peine que j'ai prise pour vous autres... » : Tâchons de concevoir un grand regret de nos fautes. — Motifs de contrition. — Ferme propos d'éviter avec plus de soin ce qui peut contrister le divin Cœur de Jésus.

A compter de minuit, les messes se diront à 25 autels à la fois.

A 7 h., consécration de la Basilique, par son Émin. Mgr Desprez.

A 8 h., Messe pontificale sur l'estrade du Couronnement.

Nota : Les pèlerins sont invités à réciter leur Rosaire, en trois fois, pendant la journée, en union avec les Larmes de la très sainte Vierge, dans son Apparition miraculeuse.

A 9 h., discours sur les imposantes cérémonies de la Consécration.

A 3 h., vêpres solennelles, suivies du récit de l'Apparition.

A 8 h., sermon dans la Basilique, par Sa Grandeur Mgr Mermillod.

A 11 h. du soir, procession aux flambeaux, chemin de croix sur les lieux de l'Apparition.

JEUDI 21 AOUT.

Fête de Ste Jeanne Françoise de Chantal.

Sixième Jour de la Neuvaine.

Méditation : « Si mon peuple ne veut pas se soumettre !... » Nécessité de faire pénitence pour mériter le ciel. — Esprit de mortification et de pénitence, pour faire toujours ce que le bon Dieu demande de nous. — Esprit de pénitence et de résignation dans les épreuves.

A compter de minuit, Messes à tous les autels.

A 9 h., procession solennelle, suivie de la Messe pontificale célébrée en plein air.

A 10 h., sermon par Mgr Paulinier, archevêque de Besançon.

A 11 h., couronnement solennel de la statue de la Vierge de la Salette, par Son Émin. le Cardinal Archevêque de Paris.

A 1 h., départ de la sainte Montagne, récitation du chapelet, en méditant sur les avertissements de la Mère de Dieu à la Salette.

A 4 h., départ de *Corps* pour Grenoble.

A 7 h., départ de *La Mure*, récitation du deuxième chapelet, en l'honneur de Notre-Dame des Sept-Douleurs.

A 9 h., départ de *Vizille*, troisième chapelet en l'honneur de Notre-Dame de Salut.

Coucher à Grenoble.

VENDREDI 22 AOUT.

Octave de l'Assomption de Notre-Dame.

Septième Jour de la Neuvaine.

MÉDITATION. « Mes enfants, il faut toujours bien faire vos prières... » Notre-Seigneur nous dit qu'il est nécessaire de prier, et de prier sans cesse pour ne pas tomb. · en tentation. — Considérons quelles sont les conditions que doit avoir la prière, pour plaire à Dieu.

A 8 h. précises, Messe pour les pèlerins, avec instruction par M. Graux, vicaire-général, dans la Chapelle des Missionnaires de la Salette. — Déjeuner.

A 10 h., départ de *Grenoble* pour Voiron.

A 10 h. 12 m. *Saint-Robert* : Récitation du premier chapelet en l'honneur de Notre-Dame de France.

A 10 h. 49 m. arrivée à Voiron. — Départ immédiat pour la Grande-Chartreuse.

A 12 h., récitation de l'*Angelus* et du deuxième chapelet, en action de grâces de toutes les bontés et des miséricordes du Seigneur envers ses créatures.

A 3 h., arrivée à la Grande-Chartreuse.

Un repas sera préparé pour tous les pèlerins par les soins des bons Pères.

Vers 5 h., salut solennel et récitation du troisième chapelet, en l'honneur de Notre-Dame de Salut.

Les hommes seront logés à la Grande-Chartreuse et pourront assister aux imposants offices de la nuit. — Les dames recevront l'hospitalité dans le couvent des religieuses qui se trouve tout près du Monastère.

SAMEDI 23 AOUT.

La fête de S. Loup martyr.

Huitième Jour de la Neuvaine.

Méditation : La sainte Vierge, dans son Apparition, nous indique les moyens d'arriver au Ciel : la persévérance dans la pénitence et la mortification ; — un entier détachement des créatures ; — l'union à Marie dans nos prières, nos actions et nos intentions.

Les prêtres pourront dire leur messe à compter de 2 h. du matin.

A 3 h., messe d'ordre pour tous les pèlerins, dans l'église de la Grande-Chartreuse. — Déjeuner.

A 4 h., départ de la Grande-Chartreuse.

A 6 h. 12 m., départ de Voiron.

A 7 h. 35 m. *Saint-André Le Gaz* : Récitation du premier chapelet, en union avec les pèlerins de Notre-Dame de Lourdes.

A 10 h. 5 m., arrivée à Lyon (50 m. d'arrêt).

A 12 h. 19 m. *Villefranche*. Récitation du deuxième chapelet en l'honneur de l'Immaculée-Conception à laquelle le saint curé d'Ars avait une si grande dévotion.

A 5 h. 55 m. *Dijon* (22 m. d'arrêt) : Dîner.

A 6 h. 59 m. *Malain*. Récitation du troisième chapelet en l'honneur de Notre-Dame du Sacré-Cœur.

DIMANCHE 24 AOUT.

Fête de S. Barthélemy, apôtre.

Neuvième Jour de la Neuvaine.

Méditation : Notre-Dame dans son Apparition avait sur sa poitrine le crucifix et les instruments de la Passion. — Considérons les souffrances de Jésus crucifié et son amour pour nous. — Il nous demande, en retour, notre contrition, notre mortification, notre cœur.

A 4 h. 10 m. du matin. Arrivée à *Paris*.

Des omnibus attendront à la gare les pèlerins pour les transporter à l'église du Sacré-Cœur du Vœu national, aux Buttes-Montmartre, où sera célébrée à 5 h. 1/2, à l'Autel privilégié, une messe de communion avec instruction.

Tous les autels du sanctuaire seront réservés pour les prêtres du pèlerinage.

A 7 h. déjeuner.

DÉPART DE PARIS :

Par le train de 11 h. 40 qui arrive à Arras à 4 h. 22 et à Lille à 5 h. 39 ;

Ou par le train de 1 h. 30 qui arrive à Arras à 7 h. 25 et à Lille à 9 h. 10.

Pendant le trajet, récitation du Rosaire, en méditant les mystères.

LUNDI 25 AOUT.

Fête de S. Louis, roi de France.

Messes d'action de grâces, dans toutes les paroisses, pour les bénédictions accordées aux pèlerins des diocèses de Cambrai et d'Arras, aux sanctuaires de Notre-Dame et du Sacré-Cœur.

Te Deum. — Magnificat.

—

DOUX CŒUR DE JÉSUS,
SOYEZ NOTRE AMOUR.

DOUX CŒUR DE MARIE,
SOYEZ NOTRE REFUGE ET NOTRE SALUT.

COMPTE-RENDU DU PÈLERINAGE

La journée du 15 août se terminait au milieu des derniers échos de la fête glorieuse de l'Assomption, quand, de tous les points de la France et de l'étranger, de nombreux pèlerins se levaient pour aller payer, sur la montagne de la Salette, une dette d'expiation à leur Mère bien-aimée.

Au milieu des blasphèmes sans nombre dont notre époque a le triste privilège, il en était un qui avait retenti plus que les autres et blessé plus au vif les cœurs dévoués des enfants de Marie! C'était le discrédit que l'enfer avait voulu jeter sur la dévotion à N.-D. de la Salette. Cette dévotion était mal fondée, disait-on, et l'Église, par l'organe de son Pontife infaillible, avait fait entendre à ce sujet une parole de condamnation.

Le mensonge avait besoin d'un démenti, je dis plus, il avait besoin d'une solennelle réparation, et cette réparation, c'est le Souverain Pontife lui-même, Léon XIII, qui la donnera en érigeant le sanctuaire de N.-D. de la Salette en basilique mineure, et en décernant à l'image de l'auguste Vierge les honneurs incomparables du couronnement.

Ce fut donc pour nous associer à cette réparation, que, sous le haut patronage de Mgr Lequette, sous la présidence de M. l'abbé Graux, vicaire-général du diocèse d'Arras, et les soins si prévoyants de M. de Clerck, président du Comité des pèlerinages, de M. Laroche, de M. Vinchon, de M. de Puisieux et de M. Dehau, nous partîmes pour cette pieuse croisade, avides, non pas d'émotions de voyage, mais du bonheur que tout chrétien éprouve quand il peut réparer pour sa faible part et par la prière et par la pénitence.

Réunis vers 11 heures du soir à la gare d'Arras, nous attendons nos frères du Nord qui nous apportent un respectable contingent de pèlerins et qui ne feront plus avec nous tout à l'heure qu'une seule et même famille.

Retenu à Arras pour achever l'organisation du pèlerinage de Lourdes, notre dévoué président, M. de Clerck, ne peut nous conduire jusqu'à la Salette, malgré son extrême désir, mais il ne nous quittera que quand il aura aplani toutes les difficultés qui accompagnent nécessairement un départ pour un voyage aussi lointain; il nous suivra jusqu'à Paris.

La nuit fut assez longue, non pas parce que le sommeil nous faisait défaut, nous en faisions du reste bon marché au début de notre voyage; elle fut longue, parce que nous étions impatients de placer notre pèlerinage sous la protection de N.-D. des Victoires à Paris.

NOTRE-DAME DES VICTOIRES.

Il est 4 heures 35 du matin. Nous entrons dans Paris. Les maisons sont closes, les rues sont désertes, les habitants sont plongés dans le sommeil. Notre prière n'est pas troublée; elle peut se continuer dans le calme jusqu'au sanctuaire que nous allons visiter.

Nous entrons dans cette église que toute la France, que le monde entier connaissent! Nous y entrons avec tout le respect que demande le lieu saint, mais aussi avec le sentiment de confiance filiale qui nous dit que nous sommes dans la maison de notre Mère.

Monsieur le vicaire-général monte à l'autel, et, dans une allocution que le temps ne lui permet pas de développer, il nous dit ce que nous sommes venus faire à N.-D. des Victoires. D'abord nous devons demander à notre bonne Mère une bénédiction pour le succès de notre voyage. Ce n'est pas en touristes que nous voyageons, c'est en pèlerins... et, comme tels, nous devons sanctifier notre voyage par la prière et la pénitence. Nous demanderons ensuite une triple victoire à celle qu'on invoque à juste titre sous le nom de N.-D. des Victoires : victoire pour nous-mêmes sur les ennemis de notre salut, victoire pour la France au milieu des assauts de tout genre qui lui sont livrés dans nos jours mauvais, victoire pour l'Église en présence des tentatives plus audacieuses que jamais que font contre elle l'erreur et l'impiété modernes.

Le saint sacrifice commence. En même temps, sur les quinze autels retenus par les soins du Comité, la sainte Victime s'immole au milieu du recueillement général.

Mais la prière ne saurait rester muette en pareille circonstance, il lui faut l'explosion de la parole, il lui faut le chant qui traduise hautement ses secrètes aspirations! C'est alors que tous les pèlerins, ne faisant qu'un cœur et qu'une âme, redisent avec transport le refrain tout à la fois si patriotique et si chrétien :

Vierge, notre espérance!
Étends sur nous ton bras,
Sauve, sauve la France,
Ne l'abandonne pas.

Ce refrain, après lequel on intercalait une strophe de l'*Ave maris Stella*, était bien la prière la mieux choisie au sein de cette capitale, au cœur même de cette France aujourd'hui si vaincue par ses ennemis du dehors et du dedans, et cependant si confiante auprès de Celle qui tant de fois lui a donné la victoire.

Le chant terminé, les pieux pèlerins se pressent aux pieds de la sainte table, avides de recevoir, au début de leur voyage, le viatique divin qui doit les réconforter.

L'action de grâces terminée, chacun se retire emportant de cette première et sainte matinée le prélude des émotions nombreuses qui nous attendent dans la suite de notre pèlerinage.

PARAY-LE-MONIAL.

Grâce à la rapidité de nos chars de feu, qui vont moins vite cependant que nos pensées, nous traversons Fontainebleau, Montargis, Gien (cher aux pèlerins d'Arras à cause du souvenir de l'immortel Mgr Parisis), Nevers, Moulins, et nous arrivons émus et pleins de joie à la seconde station de notre pèlerinage !

Voici Paray-le-Monial ! A ce nom béni, nos cœurs se dilatent, nos premières fatigues disparaissent, et n'eût été l'heure avancée de la nuit, nous nous serions à l'instant même rendus comme un seul homme au sanctuaire privilégié du Cœur de Jésus.

Mais la nuit sera courte, car il est tard, et dès la première aube du jour, nous nous retrouvons tous sur le même chemin pour porter nos hommages au Cœur de Jésus.

Grâce à la bienveillante sollicitude des Pères du sanctuaire, tout est prêt pour le saint sacrifice, et tous les prêtres ont l'insigne consolation d'offrir la sainte Victime là où le Dieu de l'Eucharistie a déclaré une fois de plus que son Cœur ne cesse pas de brûler d'amour pour ceux, hélas ! qui l'aiment si peu.

Il est 7 heures, la messe du pèlerinage est commencée. M. le vicaire-général se fait alors notre interprète pour déposer dans le Cœur de Jésus le tribut de nos prières ; il se fait en même temps l'interprète de Jésus pour nous dire ses divins enseignements :

« Nous devons, dit-il, remercier N.-S. de ce qu'il nous a « déjà donné tant de consolations.

« Après avoir remercié, prions ; prions pour la France, « notre chère et malheureuse patrie, pour l'Église si persécu- « tée de nos jours et pour nos familles respectives... S'il est « un lieu favorable à la prière, c'est bien ici plus que partout « ailleurs, ici où le Cœur de Jésus s'est ouvert et s'ouvre

« encore tous les jours pour répandre à profusion des grâces « de toute sorte.

« Que demanderons-nous? Oh! écoutez vos cœurs, laissez- « les parler d'eux-mêmes... pères et mères, parlez à Jésus « de vos enfants, parlez-lui de vos désirs... parlez-lui sur- « tout de vos craintes...

« Mais surtout écoutez les plaintes d'un cœur blessé « d'amour... Il veut avant tout que votre foi se ranime... et « qu'elle ne faiblisse jamais dans la pratique.

« Aujourd'hui, on croit rendre service à la cause catholi- « que quand on a fait quelques concessions, et on prétend « nous faire taire. Or il n'en sera pas ainsi ; nous voulons la « vérité tout entière... Qu'on ne vienne pas dire que nous « voulons la lutte contre nos frères : Dieu est témoin que « nous leur portons tout l'amour dont nous sommes capa- « bles ; nous ne voulons pas la lutte, mais nous voulons qu'on « laisse intact le *Credo* de l'Église catholique.

« Nous devons croire... nous devons de plus pratiquer, c'est « le second enseignement que nous donne le divin Sauveur.

« Il est dit, dans la Sainte-Écriture, cette parole qui s'appli- « que trop bien à notre époque : *Deficit sanctus*, le saint « manque sur la terre. Sans doute, la sainteté existe encore « derrière la grille du cloître, c'est là plus que jamais qu'elle « s'épanouit en œuvres fécondes et en vertus héroïques : mais « la sainteté ordinaire, la sainteté dans le monde, la sainteté « de chacun, diminue tous les jours.

« Par contre, le naturalisme, l'abus des jouissances, l'aspi- « ration vers la matière, font tous les jours des progrès ! A « nous, mes frères, de réagir contre le courant funeste.

« Oh ! je le sais, les Français de nos jours valent mieux « dans leurs cœurs que dans leurs paroles ; et quand on a « entendu les horribles blasphèmes qui viennent d'être pro- « férés à la tribune française, on peut dire que les malheureux « qui ont ainsi parlé ne sont ni catholiques, ni français. « Laissons à la justice de Dieu, ou plutôt à sa miséricorde, le

2

« soin de les toucher et de les convertir ! Pour nous, du « moins, profitons des leçons qui nous sont données, et « faisons tous nos efforts pour redevenir les véritables enfants « de Dieu.

« Enfin, nous devons réparer. Il est, à notre époque, un « mal spécial qui s'aggrave tous les jours, c'est l'incrédulité : « *Dixit impius : non est Deus*. On a dit que la vertu n'est pas « une loi, que le mot Dieu est une vieillerie qui n'est plus « de mode, que le ciel n'est plus protégé que par un plafond « de papier qu'un coup de plume suffira pour percer... Or, « mes frères, c'est à nous, en ce moment surtout, d'offrir à « Dieu notre part d'expiation. Naguère, 150 députés étaient « agenouillés dans cette même chapelle pour protester au « nom de la France contre ces blasphèmes... Ce n'est pas « assez ; c'est la France entière qui devrait être à ge- « noux aux pieds de Jésus pour demander pardon ! Au « moins, mes frères, supplions, autant que nous le pouvons, « par la ferveur et la générosité de nos prières. »

Ces paroles, dont je ne donne qu'un faible résumé, produisirent sur les âmes les plus vives comme les plus justes émotions. Nos frères, les pèlerins de Paris, au nombre d'environ 150, qui s'étaient glissés dans nos rangs, s'estiment heureux, comme ils le disent hautement, d'avoir entendu cette exhortation si pleine de vigueur et d'à-propos.

La sainte Communion se fait toujours avec le même recueillement, avec cette différence toutefois que les cœurs se sentent plus échauffés dans ce même sanctuaire où Jésus semble avoir laissé quelques rayons brûlants de son amour.

C'est alors que chacun entre en colloque plus intime avec Jésus ! Que de choses à dire dans ce cœur-à-cœur délicieux s'il en fut jamais ; actions de grâces, regrets, amour, supplications, tous les sentiments se partagent notre âme en ce moment béni ! Il semble que Jésus, là plus qu'ailleurs, se manifeste, non plus comme autrefois d'une manière sensible, mais par des grâces particulières qu'il communique à ceux qui sont venus le visiter dans son sanctuaire de prédilection.

Mais, hélas! le temps presse. D'autres pèlerins, venus de la capitale, attendent leur tour depuis plusieurs heures : force est donc de nous arracher aux douces émotions qui nous tiennent captifs, et de quitter cet asile qui est une source de paix par excellence, où nos âmes ont pu se désaltérer à longs traits.

M. Graux descend les degrés de l'autel, et, au nom des pèlerins d'Arras et de Cambrai, il fait au Cœur de Jésus amende honorable pour tous les outrages dont il est sans cesse l'objet de la part des hommes coupables. Puis chacun se retire, plein de ces consolations que le monde ne connaît pas, mais que celui-là seul peut comprendre qui les a expérimentées, *expertus potest credere.*

Il est 9 heures 50 du matin, c'est le moment de quitter Paray-le-Monial. La vapeur nous appelle de sa voix stridente ; tous nous nous retrouvons à la gare.

Nous suivons la ligne de Villefranche en récitant le chapelet en l'honneur de N.-D. du Sacré-Cœur, pour la prier de remercier son divin Fils des grâces dont il nous a comblés dans son sanctuaire de prédilection.

Il est 1 heure. Nous sommes à Mâcon, où nous nous arrêtons quelques instants pour prendre l'indispensable réfection corporelle. Grâce à M. l'abbé Laroche, qui est notre pourvoyeur en tout et partout, tout est prêt pour le dîner. Les uns mangent debout, les autres assis, tous à la hâte afin de ne pas nous laisser surprendre. En quelques instants, le repas est terminé, et au signal donné nous nous retrouvons en chemin de fer sur la ligne de Villefranche où nous arrivons vers 3 heures.

Les voitures retenues par les soins du Comité sont là qui nous attendent. Mais il faut bien quelque mécompte dans un voyage de pénitence ; les voitures ne suffiront guère pour nos 180 pèlerins, quoi qu'en disent les conducteurs.

Nous essayons de nous y installer tous, les uns à l'intérieur, les autres sur la plate-forme, autrement dit l'impériale; mais bientôt les essieux crient, les ressorts s'affaissent, et nous constatons qu'il est prudent de descendre dans l'intérêt de notre conservation et aussi dans l'intérêt des véhicules.

Nous allons à pied pour la plupart ; la route est assez longue, escarpée, exposée aux rayons du soleil; mais nous foulons aux pieds un sol béni par un saint, et nous nous ferions un reproche de regretter la fatigue du chemin.

ARS.

Le voilà, cet humble village, si connu de la France entière et si cher au cœur des pèlerins. Il n'a rien d'attrayant comme site; sa population est de 600 âmes. Avant 1820, Ars n'avait pas d'histoire, et aujourd'hui sa renommée est universelle.

Sous le rapport administratif, Ars appartient au département de l'Ain, et sous le rapport religieux, il fait partie du diocèse de Belley. Il est situé sur la Saône, à 28 kilomètres de la cité lyonnaise.

C'est dans cet humble village que fut envoyé, en 1820, un jeune prêtre, appelé Jean-Marie Vianney. Il était né à Dardilly, diocèse de Lyon, en l'année 1786, de parents chrétiens, qui jouissaient, par la culture de leurs terres, d'une certaine aisance, dont ils faisaient profiter les malheureux, parmi lesquels nous aimons à citer le pauvre par excellence de ce siècle, saint Benoît Labre, qui vint reposer ses membres fatigués dans ce foyer béni.

Nous ne pouvons suivre le nouveau pasteur dans les épreuves qu'il eut à subir, ni dans les travaux féconds de son ministère ; qu'il nous suffise de savoir qu'en dehors du bien incomparable qu'il fit dans sa paroisse, on porte à 200,000 le nombre des étrangers qui vinrent chercher près de ce saint prêtre la consolation et la vie pour leur âme.

L'église d'Ars. — Elle est d'apparence assez étrange. Une de ses parties se dessine sous des proportions monumentales, et l'autre partie, qui compose le vaisseau, est d'une simplicité primitive. L'intérieur présente le même contraste : c'est la richesse et la pauvreté réunies ensemble. Il faut dire, pour expliquer ce contraste, qu'une église nouvelle est en construction et qu'elle communique avec l'ancienne par une large ouverture pratiquée au chevet du chœur. Puisse la vieille église du saint curé d'Ars, si pleine de touchants souvenirs, n'être pas envahie par la nouvelle construction ! C'est le vœu de tous les pèlerins.

En approchant du sanctuaire, la première chose qui frappe le pèlerin, c'est une pierre sans ornement qui occupe le milieu de l'église; c'est sous cette pierre que reposent les dépouilles mortelles du saint curé d'Ars. Elle était autrefois entourée d'une balustrade ; mais ce signe extérieur, qui servait à porter des centaines de couronnes, fut enlevé par ordre des commissaires pontificaux qui vinrent à Ars pour instruire la cause du serviteur de Dieu.

Il y a 20 ans à peine que l'abbé Vianney rendit son âme à Dieu ; et pendant quelques années il s'est fait tant de miracles sur sa tombe que la voix populaire l'a déjà surnommée le *tombeau glorieux*.

Auprès du tombeau se trouve la chaire du haut de laquelle sont tombées tant de fois les paroles de feu, dont le saint curé d'Ars avait le secret; plus loin c'est le confessionnal qui se trouve dans la chapelle de Saint-Jean-Baptiste. C'est là que M. Vianney confessait les femmes ; il recevait ordinairement les hommes dans la sacristie.

Dès 1826, les pèlerins qui venaient à Ars étaient si nombreux que le saint curé ne trouvait plus assez des 18 heures qu'il passait ordinairement au confessionnal : « Vous verrez, disait-il un jour à un de ses coadjuteurs, que les pécheurs finiront par tuer le pécheur. » Ce qui arriva.

Sainte-Philomène. — A gauche de la pierre tombale que

nous avons remarquée, se trouve la chapelle toujours illuminée de Sainte-Philomène. C'était le sanctuaire privilégié de notre saint. Ste Philomène, c'était, comme il le disait lui-même, *sa bonne petite sainte.* Aussi une de ses premières pensées, en arrivant à Ars, fut de rendre à cette vierge des catacombes un culte spécial, et surtout de lui ériger *une belle église,* comme il disait souvent.

Le presbytère. — Il n'était pas riche le presbytère d'Ars quand M. Vianney vint en prendre possession! Il ne fut guère plus riche quand le saint curé le quitta pour entrer dans la gloire des saints! Pour s'en convaincre, du reste, il suffit de le visiter; rien n'y est changé depuis 1859. Il se compose de plusieurs salles; une seule était mise en usage et lui servait tout à la fois de chambre à coucher, de salon, de cabinet de travail.

Ici c'est le lit, qui ne servait au saint que quand il était malade, ce lit sur lequel il rendit le dernier soupir: là ce sont des livres peu nombreux qui garnissent les planches d'une pauvre bibliothèque; c'est un chapeau, un sac de voyage, une chaise grossière, quelques cadres, une image de saint François.

Au milieu de la place se trouve encore une table, et sur cette table une écuelle dont M. Vianney se servait pour ses repas. Un pèlerin, touché d'une louable compassion, avait un jour remplacé l'écuelle par une tasse en porcelaine; mais, dès que le saint curé l'eut aperçue, il la jeta par la fenêtre en disant: *Mon Dieu, mon Dieu, on ne peut donc pas pratiquer la pauvreté ici.*

La Providence. — La charité de notre saint avait attiré dans la paroisse des pauvres nombreux, d'où la nécessité pour le zélé pasteur de fonder un établissement en faveur des enfants orphelins: c'est la Providence, dirigée par des sœurs qui ont hérité de la simplicité et du dévouement de leur bien-aimé fondateur.

C'est à la Providence que se trouve le *pétrin* miraculeux

dans lequel, en un moment de disette, une poignée de farine se multiplia merveilleusement entre les mains de la pétrisseuse à tel point, dit encore aujourd'hui Catherine Lassagne, que l'on fit comme à l'ordinaire une fournée de 10 gros pains de 20 à 25 livres chacun

Mais laissons là ces pieux souvenirs qu'il serait trop long d'énumérer, et entrons dans la petite église pour nous remettre dans le véritable sens de notre pèlerinage qui est la prière.

M. Graux, toujours si empressé à nous distribuer le pain de la parole, monte en chaire, et, après avoir remercié les Pères de l'église d'Ars pour le bon accueil qu'ils nous ont fait, nous donne à tous quelques sages avis en rapport avec la circonstance :

« Que sommes-nous venus demander dans ce sanctuaire, « dit-il ? Nous sommes venus demander une leçon de sain- « teté... Un saint, qu'est-ce ? C'est une force mystérieuse « mise au service de la conversion universelle. Quelle heu- « reuse transformation s'opérerait dans la France entière s'il y « avait seulement quelques saints, tel que l'était le curé « d'Ars. »

« S'il y avait eu seulement dix justes, dit le Seigneur, dans « la ville de Sodome, cette ville n'eût point péri !... Dieu « parlait ainsi, alors que son peuple vivait sous la loi de « justice : or nous sommes, nous chrétiens, sous la loi de « grâce, combien pouvons-nous espérer de la miséricorde di- « vine !...

« Soyons donc justes, soyons saints, comme nous l'enseigne « si bien le curé d'Ars dont tout ici nous rappelle le sou- « venir... Nous sommes ici 180, mes frères, quelle ne serait pas « notre force, notre puissance, pour l'œuvre de la restaura- « tion sociale si nous étions tous des saints !

« Comment deviendrons-nous saints ? Par la méthode que « nous a enseignée le curé d'Ars. A tous il disait : Faites « pénitence... sanctifiez-vous par la pratique des vertus

« évangéliques, fuyez la mollesse, faites votre salut à la sueur « de votre front. Notre-Seigneur a tracé la voie, les saints « l'ont suivie, marchons à leur suite, coûte que coûte...

« Le Saint-Sacrement va être exposé : demandez à Notre-« Seigneur une grâce de lumière pour comprendre le prix « de la sainteté, et une grâce de force pour accomplir les « devoirs qu'elle impose. »

Après ces quelques paroles si bien choisies et si bien comprises dans ce sanctuaire où tout parle de la sainteté, les pieux pèlerins se prosternent devant le Dieu du tabernacle, pour recevoir la bénédiction du départ.

Puis les pèlerins viennent tour à tour vénérer la relique de sainte Philomène dont le culte est resté vivant dans l'église d'Ars, et, après avoir baisé une dernière fois la pierre nue qui recouvre la dépouille mortelle du saint prêtre, ils sortent du sanctuaire, avec la noble ambition de travailler plus courageusement à l'œuvre de leur sanctification.

Au sortir du sanctuaire, chacun fait ses petites provisions de reliques, ne reculant pas, pour s'en procurer, devant quelques petits larcins que les gardiens n'ont pas l'air de voir.

Il y a bien là, autour de l'église, des objets de piété, tels que médailles, chapelets, photographies, statuettes, qui font envie à plus d'un pèlerin, mais il est *dimanche*, et si nous eussions fait nos demandes aux marchands qui nous regardent, il nous eût été répondu péremptoirement : *A Ars, on ne vend pas le dimanche.*

Puissions-nous, pèlerins d'Arras et de Cambrai, graver cette parole dans nos cœurs, la redire à nos compatriotes, et surtout la pratiquer envers et contre tous !

Nous prenons au plus vite notre réfection du soir, et nous nous levons pour partir. Des voitures de renfort sont arrivées, les chevaux sont attelés, et nous rentrons sans encombre à Villefranche, pour de là nous diriger sur Lyon où nous devons passer la nuit.

NOTRE-DAME DE FOURVIÈRES

(Lyon).

Le nom de Fourvières est dérivé de *Forum vetus*, « vieux Forum », parce que c'est là, sur le haut de la colline, occupé aujourd'hui par la chapelle, qu'était construit le Forum de Trajan. Les premiers martyrs de Lyon y comparurent devant le gouverneur de la ville et y furent condamnés à mort peu après le milieu du IIe siècle. Le fastueux monument de la puissance romaine, dont on trouve encore de nombreux débris, plus ou moins enterrés dans le sol, croula vers l'an 840.

Ce serait à cette époque, d'après quelques-uns, qu'il faudrait rapporter la construction d'une petite chapelle élevée sur les ruines du Forum en l'honneur de *Notre-Dame du Bon-Conseil*. Néanmoins le premier document certain que l'on possède ne remonte qu'à 1168. Ce fut alors que l'on commença à construire, au nord du petit sanctuaire dédié à la sainte Vierge, une longue nef qui fut mise sous le vocable de Saint-Thomas de Cantorbéry.

Au XVIe siècle, la peste qui avait ravagé Lyon à diverses reprises, pendant près de cent ans, cessa tout à coup, à la suite de l'exécution d'un vœu par lequel le corps consulaire avait consacré la ville à Notre-Dame de Fourvières. De cette époque date la grande célébrité du pèlerinage et, chose remarquable, depuis lors aucune maladie contagieuse n'a pu s'établir dans la cité lyonnaise. C'est en mémoire de cette consécration que chaque année, le 8 septembre, une bénédiction solennelle est donnée à la ville en présence d'un nombre très considérable de ses habitants agglomérés sur les quais qui font face à la colline.

Après quelques heures données à un repos nécessaire, nous nous retrouvons, dès l'aube matinale, gravissant la sainte Montagne au haut de laquelle nous apercevons l'image bénie de la sainte Vierge.

Les Pères du sanctuaire nous attendaient et grâce aux dispositions bienveillantes qui les animent pour les pèlerins du Nord, ils ont réservé tous les autels, et nous avons, là encore la consolation d'offrir le saint Sacrifice de la messe.

Il est huit heures; la messe du pèlerinage, célébrée par M. Graux, commence au milieu d'un concert unanime de louanges à la Reine du ciel :

O Vierge Marie !
A ce nom si doux,
Mon âme ravie
Chante à vos genoux :
Ave, ave, ave Maria !

Après l'Évangile, le saint sacrifice est interrompu pour quelques instants, et le R. P. Laboré, dominicain, supérieur de la maison de Poitiers, natif de Lyon, veut bien donner quelques paroles de bienvenue aux pèlerins d'Arras et de Cambrai :

« *Desidero enim videre vos.*
« Je désire vous voir.

« Ces paroles, dit le R. Père, que saint Paul adressait aux Romains, la sainte Vierge vous les adresse à vous tous, pèlerins d'Arras et de Cambrai.

« Elle désirait vous voir parce qu'elle voulait vous remercier. Saint Paul disait aux Romains que leur foi était célèbre : la vôtre ne l'est pas moins, mes frères, vos œuvres sont là pour le prouver. N'est-ce pas du nord de la France surtout que sont partis de nombreux soldats pour aller soutenir, au prix de leur vie, la cause du Saint-Siège? N'est-ce pas vous qui vous êtes montrés les plus généreux et les plus hardis dans cet établissement de l'Université de Lille qui peut être aujourd'hui le modèle des Universités catholiques?... N'est-ce pas vous qui avez relevé le culte de la sainte Vierge à Notre-Dame de Boulogne, à Notre-Dame des Ardents, à Notre-Dame des Miracles, à Notre-Dame de la Treille.

« Marie avait besoin de vous voir pour vous dire : Merci. Nous vous remercions, pour notre part, de ce que vous avez donné une place à Notre-Dame de Fourvières dans votre pieux voyage à la Salette ; vous ne l'ignorez pas, vous êtes ici sur une sainte montagne, qui fut le théâtre d'une lutte terrible entre le paganisme et le christianisme. Les Pothin, les Irénée, les Blandine, vous disent assez ce qu'a été cette lutte qui vous valut l'établissement de la foi dans les Gaules. Oui, mes frères, cette colline que vous venez de gravir et d'arroser de vos sueurs, a été jadis arrosée par le sang de plus de 19,000 martyrs. Soyez donc bénis d'être venus visiter ces lieux, et emportez de cette terre cette générosité qui fait, sinon les martyrs, du moins les véritables soldats du Christ.

« Il me reste à vous faire une prière : c'est qu'aux pieds de Notre-Dame de la Salette, qui va être couronnée, vous demandiez pour la France un repentir généreux qui sache accomplir l'expiation et obtenir le pardon.

« Je vous demanderai encore un souvenir pour notre cité lyonnaise quand vous serez rentrés dans vos sanctuaires de famille.

« Et quand nous quitterons ce pèlerinage de la vie, puissions-nous nous retrouver tous réunis dans ce sanctuaire à nul autre pareil que nous pouvons appeler le sanctuaire de Notre-Dame du Paradis. »

Après ces paroles si pleines de délicatesse, le saint sacrifice continue, et nous retrouvons à la sainte table les mêmes convives qu'à Notre-Dame des Victoires, qu'à Paray-le-Monial, toujours empressés de se nourrir du pain des forts.

Après la messe, M. le vicaire-général prend la parole : « Ici encore, mes frères, je ne puis m'empêcher de me faire l'interprète de tous pour remercier... Les grâces s'accumulent de plus en plus... en vain cherchons-nous des mécomptes ; nous n'avons partout jusqu'ici que des consolations... Merci donc, ô bonne Mère, de nous avoir permis de venir dans ce sanctuaire, qui est le chef-lieu de votre amour !.. Ah ! nous sommes tous vos enfants, montrez que vous êtes notre

Mère, *Monstra te esse Matrem...* Les mères de la terre sont souvent bien impuissantes pour leurs enfants! Quand elles ont donné, pour les sauver, leurs soins, leurs veilles, le sang de leurs veines, elles n'arrivent pas à les soustraire aux dangers qui les menacent... La mort a souvent le dessus! Vous, ô Marie, vous pouvez tout... Vous aimez vos enfants plus qu'aucune mère n'aima jamais ses enfants, et cet amour de votre part est servi par une puissance qui n'a point de bornes... *Montrez que vous êtes notre Mère.*

« Merci, Pères bien-aimés, qui nous avez si bien accueillis. Vous nous parliez de nos sanctuaires du Nord... Venez donc les visiter... Nous vous y invitons du plus profond de notre cœur, et nous vous promettons l'accueil le plus fraternel.

« Vous nous recommandez de prier pour vous à la Salette : nous acceptons cette tâche qui nous sera bien douce... Notre piété n'est pas égoïste, elle sait s'oublier pour penser à des frères, nous prierons pour vous, comme nous avons prié pour l'Église et pour la France à Notre-Dame des Victoires, à Paray-le-Monial. »

Après ces nobles paroles qui expriment si bien les sentiments de tous, les pèlerins se retirent et s'empressent de visiter les lieux célèbres qui leur sont indiqués.

C'est d'abord le *cachot de saint Pothin*, qu'on trouve à l'Antiquaille, ainsi nommée à cause des nombreuses ruines qu'on a découvertes dans ce lieu où était construit le palais des empereurs romains. Sous ce palais se trouvait une grotte entaillée dans le tuf et qui servait de prison. C'est là que furent jetés, après avoir été jugés au Forum, les premiers martyrs de Lyon et saint Pothin, leur évêque.

Une relation, écrite en 1659, fait connaître qu'à cette époque, la prison de l'Antiquaille était dans le même état qu'au temps des Romains Le jour n'y pénétrait d'aucun côté, et l'on voyait encore devant chaque excavation des portes grillées en forme de losanges. Ce fut dans une de ces excavations que fut enfermé saint Pothin ; il y mourut à la suite des mauvais traitements qu'on lui avait fait subir.

Au milieu de la grotte est un pilier qui soutient la voûte et auquel on prétend que sainte Blandine fut attachée. Enfin, au-dessus de la porte d'entrée on lit sur un écriteau mobile : « L'Église de Lyon, par une tradition constante, a toujours vénéré ce caveau comme la prison où saint Pothin, son premier apôtre, fut enfermé avec quarante-huit chrétiens, et où il a consommé son martyre sous l'empire de Marc-Aurèle. »

Nous longeons la colline, et nous arrivons à l'église Saint-Irénée dont il importe de visiter la crypte. Cet oratoire souterrain fut bâti par saint Patient, évêque de Lyon, vers l'an 470, sur l'emplacement d'une catacombe qui, au temps des persécutions, avait servi de refuge aux premiers chrétiens.

Au bas de l'escalier, à droite, on trouve rassemblés dans un caveau les ossements des martyrs recueillis après les dévastations des Calvinistes au XVIe siècle.

Au milieu de la nef principale, se rencontre une excavation appelée le *Puits des martyrs*, parce que, après la seconde persécution de l'an 202, elle fut comblée avec les débris des corps de plusieurs martyrs. Tout indique qu'avant cette époque elle servait de baptistère.

Enfin, nous descendons la colline par la *Ficelle*, selon le langage du pays, et nous arrivons à la Primatiale, qui sera notre dernière station.

L'église actuelle est de 1166. Elle est remarquable par l'harmonie de ses lignes architecturales et par un cachet aussi religieux que sévère.

Deux conciles généraux y furent tenus, l'un en 1245, sous Innocent IV, et l'autre en 1274, sous Grégoire X. C'est dans ce dernier concile que s'opéra l'union des Grecs et des Latins.

En souvenir de cet événement mémorable les chanoines placèrent deux croix, une à chaque côté de l'autel, usage qui s'est conservé jusqu'à nos jours (1).

(1) Renseignements pris sur le *Guide du Pèlerin*.

Il est 11 heures. Il est temps de quitter les lieux bénis qui nous rappellent de si touchants souvenirs, nous réservant de les méditer plus à loisir dans le calme du foyer domestique.

La vapeur nous emporte de nouveau et nous rapproche de plus en plus du but si désiré que nous poursuivons depuis 3 jours.

Voici Grenoble, la dernière station du chemin de fer, pour nous du moins, qui allons gravir les montagnes. C'est le moment de réparer les forces perdues, pour affronter les fatigues qui nous attendent le lendemain.

Les dames vont aux hôtels qui leur sont indiqués, et nous, prêtres et laïcs, établissons notre quartier général au grand séminaire, où nous recevons la double visite de Mgr Fava et de Mgr Delannoy, qui nous adressent des paroles de bienvenue et nous donnent rendez-vous le lendemain soir sur la montagne de la Salette.

La nuit, comme les autres, ne fut pas longue. Dès minuit le branle-bas se fait entendre dans les dortoirs : car il fallait partir de grand matin, et nul ne voulait partir sans avoir célébré ou entendu la sainte messe.

Nous voici réunis devant l'église Saint-Louis. C'est le point de départ des omnibus qui doivent nous transporter à Corps.

Le moment est critique, car des bruits circulent que les Parisiens, au nombre d'environ 200, pourraient bien nous surprendre... La chose n'était que trop vraie, et les voitures arrivent toutes garnies de pèlerins de Paris qui ne prétendent pas du tout céder leurs places : *J'y suis, j'y reste.* C'est la réponse qui sort de *nos* prétendues voitures. Cependant tout s'arrange. M. Graux parvient, après certaines difficultés qui n'étaient que le résultat d'un malentendu, à placer bon nombre de nos pèlerins, se résignant lui-même à former l'arrière-garde avec ce qui restait, après avoir fait venir une voiture supplémentaire.

Le jour commence à poindre, et déjà nous apercevons dans

le lointain les montagnes du Dauphiné que nous allons tourner en tous sens pour arriver au terme de notre pèlerinage.

Mais, avant de satisfaire notre curiosité, nous faisons acte de chrétiens et de pèlerins ; nous prions, afin de remercier Dieu de tant de grâces qu'il nous a déjà accordées, et nous lui demandons de bénir encore cette journée qui est la dernière et la plus rude jusqu'à notre arrivée.

A 13 kilomètres environ de Grenoble, nous trouvons la petite ville de Vizille, bâtie dans la vallée et sur la rive droite de la Romanche. Les maisons sont laides, les rues étroites et malpropres. Nous n'avons rien à y faire qu'attendre des chevaux de renfort qui vont s'adjoindre à notre attelage, car c'est là le point de départ d'une montée qui n'aura pas moins de 10 kilomètres.

Ils sont bien longs ces kilomètres ! et, malgré notre formidable attelage de six chevaux, nous ne voyons d'autre ressource, pour arriver à Laffrey, que de descendre de voiture, et faire l'ascension à pied.

Voici Laffrey : c'est le plateau qui domine la montagne. Nous saluons l'église assise gracieusement sur un petit coteau gazonné et dominant la Romanche, et, après quelques instants de halte dont tout le monde a besoin, nous reprenons place dans nos voitures. Nous côtoyons successivement le Grand-Lac, puis ceux du Petit-Chat et de Pierre-Châtel, qui s'étendent gracieux et pittoresques au pied des villages de leur nom.

Voici Lamure. C'est une grande rue mal cailloutée, sur laquelle s'alignent deux rangées de maisons d'assez mince apparence. C'était pourtant une place forte au temps des guerres de Religion, et ses habitants, huguenots enragés, étaient de rudes hommes.

L'église porte, comme toute la ville, l'empreinte d'une grandeur déchue, si toutefois cette grandeur a jamais existé.

Là les voitures s'arrêtent, soit pour changer de chevaux, soit pour laisser aux pèlerins le temps de prendre quelque nourriture.

Mais plus nous approchons de la Salette, plus nous trouvons le temps long. Nous avons hâte d'arriver à Corps, qui est le pied de la sainte montagne.

Enfin les chevaux sont attelés; nos véhicules roulent de nouveau sur la route. Les montagnes apparaissent de toute part grandioses, escarpées. A un tournant de la route, à notre droite, nous apercevons l'Obiou, dont les rochers grisâtres s'élancent vers le ciel avec des aspects fantastiques. Peu à peu l'horizon se resserre, nous nous trouvons enfermés entre les parois des montagnes. Le cocher fouette ses chevaux ; le véhicule fait des bonds effrayants ; les voyageurs ne sont pas rassurés ; mais Dieu nous garde et Marie nous attend.

Enfin voici Corps. Les pèlerins y affluent en grand nombre, car c'est là le point de départ de l'ascension sur la montagne ; partout on réclame des mules, mais de mules point ! Force est donc de se munir d'un bâton et de gravir la montagne à pied.

Il est 7 heures : les ombres de la nuit commencent à s'étendre ; il faut partir de suite, car la montée est longue et difficile. Nous nous partageons gaiement en petites caravanes, et nous prenons le sentier étroit, appelé le sentier des Pâtres, que nos conducteurs nous indiquent.

A peine avons-nous fait quelques pas hors de la bourgade que nous apercevons la pointe du mont Saint-Julien, surmontée d'une croix, et dominant de quelques centaines de mètres le plateau de l'Apparition. Il n'y a qu'un pas pour y arriver, semble-t-il ; mais les montagnes trompent, il nous faudra près de trois heures pour atteindre le but que nous poursuivons.

Jusqu'au village de la Salette, qui se trouve sur le flanc de la montagne, tout va bien : on cause, on regarde, on chante quelques cantiques à la Reine des Alpes : *Quo non ascendam*, jusqu'où ne monterai-je pas ? c'est la pensée de tous les pèlerins.

Mais nous n'avons pas franchi la moitié de la montée que

déjà nous sentons notre poitrine oppressée, haletante. On admire encore, mais on essaie moins de faire partager son admiration. Un peu plus loin, on n'admire plus du tout, on compte ses pas, on regarde devant soi et on finit par murmurer contre cette route qu'on venait de trouver si pittoresque.

Cependant nous marchons, silencieux, quand enfin nous apercevons le sanctuaire tout illuminé! A cette vue, notre courage se ranime, la joie dilate nos cœurs, et nous retrouvons de nouvelles forces pour terminer notre laborieux voyage.

Nous voici sur la sainte montagne ! Dieu soit béni ! nous sommes au terme de notre pèlerinage. L'église est là, adossée aux pics qui la dominent ; elle s'élève majestueuse et grandiose sur un plateau désert.

Dès lors, nous oublions toutes nos fatigues, et nous tombons à genoux pour remercier et pour prier.

Déjà Nosseigneurs les Évêques sont réunis dans la Basilique au milieu d'un concours innombrable de pèlerins, venus non seulement de tous les points de la France, mais encore de l'étranger, voire même de la Martinique.

Au premier rang, nous voyons le cardinal Guibert, archevêque de Paris, les archevêques de Besançon et de Chambéry (1).

Après eux, Nosseigneurs Robert, évêque de Marseille, Terris, évêque de Fréjus, Cotton, évêque de Valence, Bonnet, évêque de Viviers, Delannoy, évêque d'Aire, Mermillod, évêque exilé de Genève, Dom Antoine, abbé de la Trappe de Chambarand et Mgr Leroy, camérier d'honneur de Sa Sainteté Léon XIII.

Mgr Fava, évêque de la Salette, prend alors la parole, et d'une voix énergique et retentissante, il souhaite la bienvenue au Cardinal et aux Évêques :

(1) Renseignements pris dans la *Semaine* de Grenoble.

Éminence,
Messeigneurs,
Messieurs,

Vous avez entrepris ce lointain pèlerinage, supporté les fatigues de la route et enduré la chaleur du jour, pour venir rendre gloire à la Vierge de la Salette, qui s'est faite, il y a trente-trois ans, l'apôtre de son divin Fils, au sein de ces montagnes : Éminence, soyez-en bénie ! Bénis soyez-vous aussi, Messeigneurs et Messieurs.

Du plus profond de leur cœur, les Pères de la Salette et les pieux pèlerins vous donnent avec nous la bienvenue. Votre présence fortifie leur foi, encourage leur piété, redouble leur joie et leur fait goûter pleinement ce bonheur, chanté par le Psalmiste, quand il s'écriait : *Ecce quam bonum et quam jucundum habitare fratres in unum !* — « Qu'il est bon, qu'il est doux à des frères d'habiter ensemble ! »

Éminence, à Paris, vous proclamez d'une manière sublime la bonté du Cœur de Jésus, océan infini de l'amour divin, en couronnant la colline de Montmartre d'un temple magnifique que le cœur de la France aura bâti ; et voici qu'aujourd'hui vous êtes députée vers nous, par notre bien-aimé Pontife Léon XIII, pour couronner, en son nom, la Vierge de la Salette. Ainsi est-il donné à votre foi d'attacher votre nom à deux grands souvenirs, qui éterniseront parmi nous l'apparition du Fils à une humble religieuse de Paray-le-Monial, et celle de la Mère à deux pauvres pâtres de ces montagnes. Ainsi s'unissent, en vous, Rome et la France, pour reconnaître l'amour sans bornes dont les cœurs de Jésus et de Marie brûlent pour le salut de nos âmes.

Le regard de la Vierge vous avait suivie, Éminence, il y a deux ans, lorsque vous gravîtes ces chemins pour venir confier à sa sollicitude vos nobles desseins, vos vœux, et sans doute aussi vos angoisses, à la vue du flot montant de l'incrédulité. Lorsqu'elle a senti votre cœur battre contre le sien, alors, nous aimons à le croire, elle a voulu qu'un jour votre main la couronnât, votre main si chère au Cœur de son Fils. Vous aviez dit à ce sanctuaire votre suprême adieu : Marie vous y ramène au milieu de ces vénérables Prélats qui vous entourent de leur affectueuse admiration, au sein de cette foule immense qui vous acclame, comme le délégué du Vicaire de Jésus-Christ, comme le défenseur de la vérité et du droit, et le plus noble représentant de la France catholique.

Vous aussi, Prélats vénérés, vous avez voulu rendre témoignage à l'amour du Fils et de la Mère. C'est pourquoi, vous n'avez pas craint l'âpreté de ces montagnes. Vous avez cru que votre présence à nos fêtes serait agréable à son cœur, utile aux âmes et salutaire à votre peuple, et vous êtes venus. Grâces vous en soient rendues !

Nous ne saurions taire les regrets que nous ont exprimés plusieurs archevêques et évêques, surtout le cardinal archevêque de Toulouse, de ne pouvoir assister à la consécration de cette basilique et au couronnement de la Vierge de la Salette : ces regrets sont partagés par vous aussi, Messeigneurs et Messieurs, ainsi que par cette immense réunion de pèlerins, et les exprimer, en ce moment, devant cette assemblée, devient pour nous une consolation autant qu'un devoir.

Daigne le Cœur maternel de Marie se souvenir de ces chers enfants, veiller sur cette famille de pieux pèlerins, nous garder tous dans son amour et dans l'amour du Cœur adorable de son Fils, afin que fidèles à Jésus-Christ, à ses commandements, à son Église et à ses lois, nous méritions pour nous et pour la France, les faveurs que la bonté de Marie voudrait répandre avec effusion sur son peuple privilégié.

Ces nobles accents trouvent un écho dans tous les cœurs et émeuvent vivement le saint vieillard, si dévoué, on le sait, et au Sacré-Cœur de Notre-Seigneur et à Marie Immaculée.

Voici la réponse de Son Éminence :

Monseigneur,

C'est à une pensée généreuse de votre cœur que je dois aujourd'hui l'honneur de venir couronner Notre-Dame de la Salette. Quand je suis venu pour la première fois, c'était pour satisfaire un sentiment de dévotion ; j'avoue qu'en partant j'avais fait mes adieux au pieux sanctuaire. Je n'étais venu que pour apprendre le chemin, puisque la sainte Vierge, par la voix du Souverain Pontife, m'envoie pour couronner son image dans son sanctuaire.

Monseigneur, c'est à vous que revient le mérite de ce qui se passe en ce moment. C'est un grand acte qui s'accomplit. Nous vivons dans des temps difficiles ; l'Eglise éprouve beaucoup de contradictions dans ce moment, pour ne pas me servir d'une expression plus forte. Il faut donc que nous redoublions de prières et de bonnes œuvres. Et ce grand pèlerinage que vous avez convoqué à Notre-Dame de la Salette est un acte qui, je l'espère, appellera la protection de Marie et les bénédictions de Dieu sur la France et sur l'Église.

Nous entrerons tous, Monseigneur, dans le dessein qui vous a inspiré. Vous avez cru qu'il fallait faire un acte extraordinaire de foi, de piété, de dévouement, eh bien ! nous venons nous joindre à vous pour supplier la très sainte Vierge de regarder la France avec des yeux de miséricorde, d'appeler la protection de son Fils sur son Église, et nous avons la confiance que la foi de tout ce peuple qui représente la France, puisqu'il y a des pèlerins des diverses contrées de notre pays, nous avons la confiance que cette foi montera jusqu'à la Vierge Marie, et par elle jusqu'à son Fils, et qu'à partir de ce moment des bénédictions toutes particulières et les faveurs dont nous avons si grand besoin se répandront sur notre pays.

Au milieu des chants le cortège s'avance processionnellement pour se rendre au sanctuaire, en parcourant le sentier du chemin de la croix, celui qu'a tracé la céleste Apparition le 19 septembre 1846.

A l'église, Mgr Cotton, évêque de Valence, prend la parole. Il appartient à cet éminent prélat, né au diocèse de Grenoble, successeur à l'église cathédrale du vénérable abbé Gérin, l'un des premiers champions de la Salette, et promoteur lui-même de nombreux pèlerinages à la sainte montagne, il appartient, dis-je, à cet évêque, d'inaugurer la série des discours, par lesquels allait être si éloquemment exaltée la Vierge, reine des Alpes.

Nous sommes heureux de pouvoir reproduire, d'après la sténographie, ce discours :

Discours de S. G. Mgr COTTON,

ÉVÊQUE DE VALENCE.

Mes Frères,

Je vous demande pardon de paraître ainsi au milieu de vous; mais les accidents du voyage n'ont pas permis que nos ornements sacerdotaux et nos habits de chœur arrivassent en même temps que nous. Je suis dans cette chaire simplement pour vous annoncer la grande fête qui se prépare : je laisserai à des voix éloquentes et aimées le soin de vous parler de la très sainte Vierge dans des accents qui pénétreront vivement vos cœurs. Ce soir, laissez-moi vous rappeler simplement une parole de nos Saintes-Écritures, parole qui me semble de circonstance à l'entrée de ces grandes et saintes solennités.

Le Prophète exprime quelque part, en parlant du Seigneur et du saint Temple, une pensée que nous pouvons aujourd'hui très bien appliquer à la sainte Vierge et aux lieux de son Apparition : *Introibimus in tabernaculum ejus; adorabimus in loco ubi steterunt pedes ejus.* « Nous entrerons dans son sanctuaire et nous prierons aux lieux mêmes où s'arrêtèrent ses pas. » Son sanctuaire, un des sanctuaires de prédilection de la bienheureuse vierge Marie, notre Mère, n'est-ce pas cette magnifique basilique où elle aime à réunir ses enfants et à signaler sa bonté par les grâces les plus merveilleuses?

Ah ! souvent, bien souvent, Éminence, Messeigneurs, nous sommes entrés dans quelque sanctuaire de Marie, aux jours de nos tribulations et de nos luttes, aux jours d'afflictions et de larmes ; nous sommes allés nous prosterner devant sa sainte image, et vous tous, mes Frères, dans les nécessités de vos âmes, dans les afflictions de votre vie, vous êtes allés chercher aux pieds des autels et dans les sanctuaires de Marie, les consolations et les forces dont vos cœurs avaient besoin.

Mais quand donc êtes-vous allés aux pieds de cette Vierge compatissante avec plus de bonheur qu'aujourd'hui? *Introibimus in tabernaculum ejus.* Nous y sommes entrés, hélas! pas tous, ô bonne Mère; il y a là une foule qui attend aux portes de votre sanctuaire, mais qui prie avec ferveur, et à qui vous parlez vous-même. Demain, nous y entrerons avec plus de respect, si c'est possible, pour venir y prier ; nous y entrerons à la suite de ce prince de l'Église dont le mérite et les vertus ont conquis l'admiration de tout le clergé, de l'épiscopat et de tous les fidèles de notre chère France ; nous y entrerons à la suite de cet archevêque aimé, dont la voix a fait retentir ces voûtes et les échos de ces montagnes des accents de son éloquente piété et que nous connaissons bien, que nous sommes si heureux de revoir, nous tous, enfants du diocèse de Grenoble; nous y entrerons à la suite de votre évêque missionnaire, qui continue aujourd'hui avec tant de zèle et d'éclat la tâche qu'il a si glorieusement commencée ; à la suite de cet évêque exilé si cher à la France, et qui paie si généreusement, par le charme de sa parole et par les bienfaits qu'il répand, l'hospitalité cordiale qu'il reçoit parmi nous; à la suite de ces prélats vénérables dont les talents et la piété rehaussent avec tant d'éclat ces belles solennités ; nous y entrerons à la suite de ces pèlerins qui viennent nous apporter le secours de leurs prières et l'édification de leurs exemples. Voûtes sacrées, vous aurez pour nous un mérite de plus, un souvenir de plus. Nous apporterons avec tous les élans d'un cœur plein de reconnaissance et d'amour pour notre Mère, l'hommage de notre gratitude pour la faveur qui nous a été faite d'être les heureux témoins de cette fête. Nous voici dans le tabernacle de la sainte Vierge, dans le sanctuaire qui sera consacré demain ; nous voici émus et prosternés aux lieux mêmes où se sont arrêtés les pas de Marie. Ah ! mes Frères, laissez-moi vous dire avec quels sentiments nous devrons entrer dans le sanctuaire de Notre-Dame de la Salette, avec quelles dispositions nous devons prier sur les lieux de sa céleste et bienheureuse Apparition. Entrons ici, mes Frères, oh ! laissez-moi vous le dire, avec une joie sainte et radieuse. Vous vous rappelez les paroles du Psalmiste : *Lætatus sum in his quæ dicta sunt mihi : In domum Domini ibimus.* « J'ai tressailli d'allégresse lorsqu'on m'a dit : Nous irons dans la maison du Seigneur. » On vous a annoncé ce beau pèlerinage, vous avez entendu parler au loin de ces douces fêtes, et vous vous êtes réjouis, parce que vous avez pu vous dire : J'aurai ma part de ces grâces, moi aussi je prierai avec cette foule appelée par la voix de Marie de tous les points de la France et du monde. *Lætatus sum*, etc. Comment ne pas se réjouir, mes Frères, en présence de ce monument admirable, de cet autel aimé, de tous ces ornements, de ces ex-voto que la piété chrétienne et la reconnaissance des enfants de Marie ont appendus à ces murailles.

Ce temple vénérable est l'œuvre du catholicisme tout entier ; des offrandes sont venues de tous les points du monde, afin de fournir une pierre à cet édifice qui proclame si éloquemment les grandeurs et les bontés de Marie. *Lætatus sum*, etc... Vous vous êtes réjouis, pourquoi encore, mes Frères ? *Quia illic sederunt sedes in judicio.* Oui, sur les sentiers âpres de la montagne se sont échelonnées toutes les tribus du Seigneur, guidées par leurs chefs vénérables : pèlerinages de Paris, de Marseille, de Poitiers ; pèlerinages de Bretagne, de Lille et d'Arras ; pèlerinage de notre cher Dauphiné. *Illuc enim ascenderunt tribus, tribus Domini.* Nous ne pouvons sans émotion voir ces chemins difficiles remplis de pèlerins pieux, couverts de sueur et de poussière, et qui ne calculaient pas avec la fatigue pour monter vers ce sanctuaire béni. O tribus du Seigneur ! vous êtes venues rendre témoignage à Dieu en présence d'Israël infidèle. Oui, l'impiété nous regarde ; oui, peut-être elle nous tourne en dérision, et nous lui disons, par notre présence en ces lieux sacrés, que nous voulons aimer Jésus et sa sainte Mère, et que toutes les railleries du monde ne nous empêcheront pas de nous prosterner aux pieds de sa sainte image pour lui demander la grâce, la force et la persévérance. *Lætatus sum*... O pieux chrétiens, faites éclater votre joie dans de saints cantiques, faites retentir les échos des monts et des vallées des chants de l'*Ave maris stella* et du *Magnificat !* Empruntez toutes les langues et toutes les voix pour dire à Marie votre piété filiale et votre ardent amour. Mes Frères, nous devons non seulement venir ici avec une sainte joie, mais nous devons encore nous présenter à Notre-Dame de la Salette avec une âme pure, et nous efforcer d'exciter dans nos cœurs les sentiments de la piété la plus vive, la plus ardente et la plus sincère. J'aime à répéter cette parole de la Sainte-Écriture: *Quis ascendet in montem Domini, aut quis stabit in loco sancto ejus?* Qui pourra gravir la montagne du Seigneur? qui pourra prier dans le sanctuaire qu'il s'est choisi, et se tenir debout en présence du crucifix et de l'image de la sainte Vierge?

Qui pourra cela? *Innocens manibus et mundo corde;* « celui dont le cœur est exempt de souillures et dont les mains sont pures de tout péché. » Voilà, mes Frères, les dispositions dans lesquelles vous devez vous placer, si vous voulez que ces solennités vous soient profitables. Et comment pourrons-nous établir nos âmes dans ces heureuses dispositions? En priant sur les lieux de la sainte Apparition. Et de quelle manière faudra-t-il prier? D'abord avec componction, avec un sincère repentir de nos fautes, ensuite avec une vive et filiale confiance. Est-ce que tout ici ne nous porte pas au repentir? N'avez-vous pas contemplé l'image de Notre-Dame de la Salette, debout, parlant à de petits bergers chargés de transmettre à son peuple ses salutaires avertissements, et de lui parler des justices de Dieu? justice redoutable, provoquée par nos crimes. N'avez-vous pas regardé cette image de Marie voilant sa face dans ses mains, et versant des larmes amères en pensant aux ingratitudes et aux malheurs de ses enfants d'adoption? Oh! Mère, ne pleurez pas, c'est à nous de répandre des larmes abondantes pour laver nos péchés. Vous nous avez appelés à la pénitence, vous nous avez montré l'abîme ouvert et prêt à nous engloutir, le bras de votre divin Fils tout prêt à nous châtier, et vous, ô Mère compatissante! vous avez retenu le bras de sa justice par vos supplications. Comment pourrions-nous ne pas nous associer à ces larmes maternelles qu'elle a répandues sur nos péchés? Nous irons boire à sa fontaine miraculeuse. *Haurietis aquas in gaudio de fontibus Salvatoris*; ce sont des fontaines de salut; elles sont comme une émanation du côté de Jésus-Christ lui-même. Nous irons avec joie nous prosterner sur ce sol béni, sanctifié par ses pas tout divins; nous irons en baiser les traces, mais nous irons surtout prier et pleurer à vos pieds, ô bonne Mère, et vous dire que nous sommes vos enfants, vous supplier de nous accueillir, tout indignes que nous sommes, d'oublier nos anciennes iniquités et de ne plus vous souvenir que de notre repentir et de notre désir de faire pénitence.

Donc, componction, repentir sincère et confiance, mes Frères. Oh! comment n'espérerions-nous pas en la miséricorde de Dieu, puisque la sainte Vierge intercède pour nous? Ce souvenir de son intercession toute-puissante augmentera notre joie, de même que notre repentir nous purifiera. Confiance pour nous, confiance pour tous ceux qui nous sont chers et pour lesquels nous venons implorer ici des grâces de retour et de salut. Confiance pour la sainte Église de Jésus-Christ, confiance pour notre patrie bien-aimée, que tant de maux accablent et pour laquelle nous demanderons tous ensemble la prospérité, la sanctification et le bonheur. — Saint Bernard, parlant un jour à Dieu avec ce cœur d'apôtre qu'il avait réchauffé auprès du cœur de Jésus-Christ, s'écriait : *Vincentne miseriæ misericordias !* « Mon Dieu! sera-t-il dit que nos misères auront été plus grandes que vos miséricordes? » Et il répondait : *An misericordiæ miserias superabunt.* « Ne pourrions-nous pas dire plutôt que vos miséricordes triompheront de nos misères? » *Vincant misericordiæ tuæ antiquæ, Domine.* « O mon Dieu ! qu'elles triomphent ! »

Qu'elles soient à jamais victorieuses, vos miséricordes éternelles. Miséricorde ! nous l'implorons à deux genoux ; miséricorde ! nous la demandons, quoique indignes, nous la demandons avec vous, ô bonne et tendre Mère ! Miséricorde pour les affligés qui viennent pleurer au pied de votre sainte image ; miséricorde pour l'infirme, pour le malade qui implore sa guérison ; miséricorde pour le vieillard sur le bord de la tombe et qui ne songe peut-être pas à son éternité ; miséricorde pour les pauvres pécheurs qui vivent dans l'indifférence et l'oubli, dans l'ingratitude la plus inexcusable, en présence d'un Dieu si bon, si riche et si miséricordieux ! Miséricorde pour nous, ô mon Dieu, pour nous tous, pauvres pécheurs. Ah ! s'il était ici quelque âme amenée par la curiosité plus encore que par la piété et la confiance, quelque âme gémissant en secret sous le poids de ses fautes, ou d'habitudes mauvaises qu'elle n'a pas le courage de vaincre, ô Jésus ! ô Marie ! ô cœur de Jésus ! ô cœur de Marie ! pitié pour cette pauvre âme ! Que nul d'entre nous ne quitte ce pèlerinage sans avoir répandu son âme devant le Seigneur par une accusation sincère ; que nul d'entre nous ne manque de cette confiance qui touche le cœur de Jésus et de Marie ; que tous nous soyons unis dans cette sainte joie que donnent la pratique des bonnes œuvres et la célébration de nos fêtes sacrées.

Mes Frères, en ce moment, tous ensemble unissons nos vœux, nos désirs et nos prières pour que Dieu ait pitié de nous. Pitié, mon Dieu, pour votre sainte Église et pour votre Vicaire, abreuvé d'amertume : pitié pour l'épiscopat, dont les mains se fatiguent à la lutte;

pitié pour les fidèles qui les entourent de leur courage et de leur dévouement ! Pitié pour les petits enfants, et que Dieu leur garde l'innocence qui fait leur plus bel ornement ! Pitié pour ces jeunes hommes et ces jeunes filles qui sont venus vous apporter leur cœur pour le placer sous votre garde ; pitié pour les pères et les mères, dont la tâche est si difficile et souvent si ingrate ; pitié pour tous, pour ceux-mêmes qui persécutent votre Église et qui voudraient effacer votre nom de la surface de la terre ! Révélez-vous à leurs âmes, comme vous vous êtes manifesté à nous ; soyez leur Sauveur ! Et vous, ô Marie, soyez leur refuge comme vous êtes en ce moment le nôtre. Demain, nous entrerons avec joie dans votre sanctuaire ; le Pontife qui le consacrera nous rappellera, par les cérémonies que l'Église fait accomplir, que ce temple doit être saint, et que le temple de notre âme, dont parle l'apôtre, doit être plus saint encore. Lorsque nous nous serons purifiés par notre repentir et nos larmes, lorsque nous aurons reçu dans nos âmes ce divin, ce doux Sauveur dont nous avons provoqué la justice, il n'aura plus pour nous que des paroles de miséricorde et d'amour ; nous emporterons au milieu du monde notre joie, notre repentir et notre confiance ; nous l'édifierons par nos bonnes œuvres et nous proclamerons ainsi, de la manière la plus glorieuse pour Notre-Seigneur et pour Notre-Dame de la Salette, notre piété filiale envers notre Mère céleste et notre dévouement absolu pour le divin Cœur de Jésus ; c'est la grâce que je vous souhaite avec les bénédictions de Nosseigneurs. *Amen.*

La foule attentive, qui se presse dans la trop étroite enceinte, recueille avidement ces émouvantes paroles. Mais un trop grand nombre de pèlerins demeurés en dehors du sanctuaire, faute d'espace, se désolent de ne pouvoir entendre. Cependant ils ne seront point privés de la bénédiction solennelle de Nosseigneurs les Évêques ; car la bénédiction sait franchir les murailles et atteindre les fronts inclinés, même au dehors du sanctuaire.

La bénédiction de Notre-Seigneur, dans le Très-Saint Sacrement, donnée par Mgr l'Archevêque de Besançon, est allée trouver tous les cœurs, et termine saintement cette première et laborieuse journée, la journée du voyage.

Je me trompe en un point ; la journée n'était point finie.

Il est des pèlerins, trop nombreux, qui n'ont pu, ou n'ont

voulu avoir d'autre asile pour cette nuit que la montagne ou le sanctuaire. Si vastes que soient les deux couvents construits sur le plateau, ils ne pouvaient suffire en de pareils jours. On avait donc pensé à satisfaire la piété des pèlerins sans abri, et à tromper le sommeil par d'intéressants exercices.

A 11 heures de la nuit, commença une féerique procession aux flambeaux, sur les pentes du Gargas; puis les stations du chemin de la croix furent parcourues et méditées sur les lieux de l'Apparition. Mgr l'Evêque de Grenoble, toujours infatigable, présida la cérémonie, et, de sa parole pénétrante, expliqua les mystères de la passion du Sauveur.

A minuit les messes commencèrent à vingt-cinq autels à la fois. Ainsi débuta la seconde journée, sans que la première ait paru prendre fin.

LA JOURNÉE DU 20 AOUT. — CONSÉCRATION DE LA BASILIQUE.

Jamais soleil plus radieux ne s'était levé sur les monts de la Salette qu'en cette journée du 20 août 1879.

Après une nuit, où personne n'a pu dormir à l'aise, ni à souhait, tous cependant s'empressent, vont et viennent, le cœur content. J'entends les personnes les plus délicates murmurer autour de moi : « Je suis fatiguée, mais je suis heureuse ; il fait si bon ici, et tout est si beau ! »

La consécration de la Basilique commence à huit heures. C'est Mgr Paulinier, archevêque de Besançon, ancien évêque de Grenoble, qui en accomplit les rites sacrés. MM. Méresse et Varnoux sont maîtres des cérémonies.

Le prélat, entouré d'un clergé nombreux, récite à la tribune, où le lendemain se fera le couronnement, les premières prières de la dédicace, tandis que des chants pieux sont exécutés sans interruption parmi la foule, dont les flots se pressent au pied de l'estrade.

Les psaumes terminés, on revient à la Basilique. A l'intérieur, on procède à la bénédiction des murailles ; puis l'évêque, commandant solennellement, par trois fois, l'ouverture des portes, pénètre dans l'enceinte de la Basilique. Il est accompagné du clergé seul, parce que la première partie de la cérémonie exige que l'intérieur du temple soit libre entièrement. D'ailleurs tout ce qui se fait à ce moment ne saurait bien satisfaire la curiosité des fidèles, si ce n'est le tracé mystérieux des alphabets grec et latin, sur la cendre répandue en forme de croix de Saint-André, d'une extrémité à l'autre du parvis.

Mais le moment solennel, auquel la foule s'intéresse vivement, est celui de la procession des saintes reliques.

Les portes du temple s'ouvrent ; le clergé s'avance, précédé de la croix ; les évêques suivent, en ornements pontificaux, mitre en tête et crosse en main, bénissant sans cesse les fronts courbés sur leur passage. L'évêque *blanc*, comme le nomme le peuple, le R. P. abbé de la Trappe de Chambarand, n'est pas celui qui attire le moins les regards. L'empressement à recevoir sa bénédiction n'est pas sans curiosité ; on voudrait savoir quel est cet évêque au costume duquel on n'est point accoutumé. D'autres costumes encore intriguent la foule, les manteaux violets de certains chanoines, que l'on prend naturellement pour des évêques, mais non *mitrés*.

Les saintes reliques, précédemment déposées sur l'autel de la tribune du couronnement, sont reportées avec respect sous un dais dont on admire la richesse et le bon goût.

A la porte du temple, le prélat consécrateur annonce aux fidèles l'érection du sanctuaire en Basilique mineure, et publie les noms des saints dont les ossements vont être renfermés dans le tombeau du maître-autel.

Le reste des rites sacrés s'accomplit en présence du peuple, admis maintenant dans le temple jusqu'à la fin de la cérémonie. Pendant que le prélat consécrateur continue l'action sainte, les autres évêques procèdent de leur côté à la consécration des autels particuliers.

Nous admirions avec quel courage et quelle persévérance Mgr l'archevêque de Besançon poursuivait cette longue cérémonie ; mais à la fin sa voix s'était affaiblie et ses forces trahissaient sa volonté : ce fut Mgr Pichenot, archevêque de Chambéry, qui célébra le Saint-Sacrifice.

Voici donc le temple de Notre-Dame de la Salette consacré ; le voici élevé à la dignité des sanctuaires privilégiés. C'est un premier triomphe ; demain, ce sera mieux encore.

La Basilique, œuvre d'un éminent architecte de Grenoble, M. Berruyer, est d'un style assez correct et gracieux, malgré certains défauts, qui peut-être se trouvaient commandés par la destination de l'édifice. Ainsi, pour l'art, on regrette ces colonnes grêles, que l'on craint de voir fléchir sous leur fardeau ; mais en retour, la vue n'est interceptée nulle part, et de tous les points du vaisseau, l'autel principal et la belle statue couronnée, qui doit le surmonter, pourront être aperçus.

Le sanctuaire est élevé, et d'un bel aspect ; le maître-autel a de belles proportions ; il est orné de sculptures délicates et du meilleur effet. Les nefs latérales se prolongent en circuit autour du sanctuaire, et sur le pourtour sont disposées de nombreuses chapelles avec des autels particuliers.

Tous les murs du sanctuaire sont revêtus de plaques de marbre, portant des inscriptions sans nombre, qui témoignent des grâces infinies obtenues déjà depuis la construction de l'édifice. Ce serait une histoire complète des faveurs de Notre-Dame de la Salette à parcourir avec fruit, que de lire ces pages de marbre, écrites en lettres d'or par la reconnaissance du monde entier.

Plus immenses et d'un autre style sont les pages écrites sur les murailles du temple et jusque sur les voûtes par des milliers d'*ex-voto* de tout genre.

Mais il m'est impossible de tout dire, je ne puis qu'esquisser à grands traits. Ajoutons cependant que tout l'édifice est en belle pierre noire, dure et d'un grain d'une grande finesse. C'est Marie qui l'a fait découvrir dans les flancs du Gargas. On avait désespéré d'abord de trouver là de la pierre à bâtir. Toute la montagne est de pierre schisteuse, qui s'effeuille à l'air et à l'humidité. Qui eût deviné le beau marbre du Gargas? Dieu y avait pourvu.

La cérémonie de la dédicace du sanctuaire ayant été terminée par le saint Sacrifice en présence des évêques, vers midi, les prélats furent reconduits processionnellement à leurs demeures, et les fidèles alors prirent leur repas.

Des tables étaient dressées partout où l'on avait pu en établir, et, comme elles ne pouvaient suffire, le gazon des coteaux suppléait à tout et suffisait au grand nombre.

L'intérieur du couvent avait été réservé aux prêtres et invités. Une toile immense ombrageait la table des prélats, placée au milieu de toutes les autres.

A ces agapes, on ne trouvait rien que de frugal ; le service n'était ni prompt, ni complet; on n'était point là dans les hôtels de nos grandes villes. Car, comment faire avec si peu de serviteurs et tant de convives? Aussi tout le monde en prit-il gaîment son parti, et l'on rit de bon cœur de ces mille incidents qui s'excusent vite là où règne une vraie fraternité.

Tant de privations et tant d'épreuves courageusement supportées par tous, par les pèlerins, par les Pères, par les Sœurs, par les Prélats, me sont une révélation du vrai caractère de ce pèlerinage : c'est le pèlerinage de la pénitence !

Les pauvres n'étaient pas non plus oubliés. Je les ai vus sous une tente, à une table dressée pour eux, recueillir abondamment les restes que le couvent leur envoyait, ou que les pèlerins leur apportaient. Les aumônes non plus ne leur faisaient point défaut. Aussi ne seront-ils pas les moins bien partagés dans cette fête.

A l'intérieur du couvent, au moment où les Prélats vont se retirer pour prendre un nécessaire repos et se préparer à la cérémonie du soir, Mgr l'Évêque de Grenoble se lève, et portant la santé de l'Évêque consécrateur, rappelle avec tact et à propos les titres de Mgr Paulinier à ces fêtes. L'Archevêque de Besançon répond par ces paroles gracieuses: « Si l'envie, dit-il, était possible à un chrétien, à un prê« tre, à un évêque, je regretterais, Monseigneur, de n'être « point le principal héros de ces journées, si glorieuses au « diocèse de Grenoble et à son Évêque. »

On conçoit les applaudissements qui accueillirent ces fraternelles paroles, si cordialement échangées.

Dans les intervalles qui séparent les diverses cérémonies de la journée, ceux qui n'ont point dormi la nuit tâchent de prendre quelque repos. Aussi, sans nul respect humain, l'on se fait une couche bienfaisante d'un peu de paille et quelquefois de la terre nue.

Voici l'heure des vêpres solennelles.

C'est le Révérend Père Abbé de Chambarand qui va les présider. Par une attention délicate, Mgr l'Évêque de Grenoble a voulu que le Prélat préposé aux hommes de la prière et du travail dans son diocèse, eût une part spéciale dans les honneurs rendus à la Vierge de la Salette.

L'office de Vêpres s'accomplit à l'estrade du couronnement, en présence d'une foule compacte, qui couvre tout le plateau de l'Apparition jusqu'aux portes de l'église et les deux flancs du ravin de la Sézia.

Au moment du *Magnificat*, tous les Évêques viennent prendre place sur la même estrade, pour entendre le discours que Mgr Terris, évêque de Fréjus et Toulon, va prononcer sur la consécration de la nouvelle Basilique.

Je serais impuissant à rendre l'effet de sa parole substantielle et pénétrante, sur une foule pieuse et sympathique. Par deux fois l'auditoire ne put contenir son enthousiasme, malgré le respect dû à la parole d'un évêque, même s'il parle en plein air, sous la voûte des cieux.

Je ne puis rendre non plus l'effet produit par l'attitude de cet auditoire si recueilli, si attentif, si chrétien. J'ai entendu d'autres harangues et d'autres discours en plein air ; jamais je ne vis rien de semblable à ce qui était ici.

La chaire est une vaste tribune enguirlandée et décorée avec goût ; dix prélats, en ornements pontificaux, forment une couronne autour du Prélat orateur ; des centaines de prêtres, aux costumes les plus divers, enveloppent les Evêques de leurs rangs pressés ; en face de la tribune, sur le penchant des collines, au fond des ravins, sur les lieux de l'Apparition, autour de la fontaine miraculeuse, et jusqu'au haut des tours du sanctuaire, des milliers de têtes attentives qui dirigent des regards avides vers l'orateur ; puis les sommets verdoyants du Gargas, du Chamoux, des monts de Fallavaux et de Saint-Julien, qui enferment l'auditoire comme dans une corbeille de fleurs ; et par-delà ces montagnes, les crêtes nues, arides, grises ou neigeuses des monts d'Olan et de l'Obiou, avec leurs glaciers éternels, nous enveloppent de toutes parts : quel spectacle ! combien cette vue invite à l'éloquence ! comme elle dispose à écouter !

Discours de Mgr TERRIS, évêque de Fréjus,

PRONONCÉ SUR LA MONTAGNE DE LA SALETTE, LE 20 AOUT 1879.

Fundamenta ejus in montibus sanctis; diligit Dominus portas Sion super omnia tabernacula Jacob.

« Elle a été bâtie sur la sainte montagne; le Seigneur aime les portes de Sion plus que les tabernacles de Jacob.»

(*Psalm. 86.*)

Éminence (1),
Messeigneurs,

Ces paroles de l'un des psaumes qu'on récitait ce matin, pendant la consécration de cette basilique, nous apprennent que le Seigneur a des prédilections. Où puis-je mieux les redire que sur cette sainte montagne où s'ouvrent les portes nouvelles de Sion et dans les flancs de laquelle ont été creusées les fondations d'un tabernacle de Jacob; en face de ce monument, admirable sans doute par ses grandioses proportions comme par ses richesses artistiques, plus admirable mille fois par le privilège de son origine, par les merveilles dont il demeure le symbole et le témoignage, et par la hardiesse avec laquelle il s'élève, je ne dis pas au milieu de ces cimes imposantes et tourmentées, mais parmi toutes les agitations, les orages, les contradictions et les luttes de notre misérable époque. Eh oui! mes frères, malgré toutes les menaces et en dépit de toutes les fureurs, nous bâtissons encore là des églises. De toutes parts, autour de nous, souffle, furieux, un vent de destruction. La tempête est si violente, qu'il semble que rien ne tiendra debout; on se demande ce que va devenir la religion; ses ennemis, devenus puissants, ont jeté bas le masque; les populations frémissantes dévoilent leurs complots contre Dieu et son Christ; je ne sais quelle audace infernale, ou quel fatal aveuglement pousse toutes choses aux abîmes; on se regarde et on s'interroge, on se dit : Où allons-nous? Et dans cette détresse universelle, au sein de cette amère et profonde inquiétude, voici que nous, nous l'épiscopat et le sacerdoce, vous, les chrétiens d'énergie et de cœur, voici que, tranquilles et pleins d'espoir, regardant l'avenir, nous bâtissons pour l'avenir. Jamais peut-être on n'a, autant que de nos jours, construit des églises; jamais peut-être les évêques n'en ont tant consacré, et voyez avec quelle sérénité et quelle assurance! Vénérable et bien-aimé pontife de l'Église de Paris, ne se-

(1) Son Éminence le cardinal Guibert.

rait-ce pas à Votre Éminence qu'il faudrait demander le secret de cette confiance inébranlable, et tandis que vous nous le diriez avec cette autorité si aimable et cette dignité si paternelle, devant lesquelles, peuples et évêques, nous nous plaisons à nous incliner, et qui se multiplient dans votre féconde vieillesse, *adhuc multiplicantur in senectu uberi*, tandis que vous nous parleriez, nos regards s'en iraient vers cette cité tumultueuse d'où partent les révolutions, et des hauteurs de la Salette, nous enverrions vers les hauteurs de Montmartre le salut et les vivats de notre espérance et de notre admiration. Ce secret, vous pourriez aussi nous le dire, vous tous, mes vénérés frères dans l'épiscopat, qui avez apporté à la magnifique solennité de ce jour les reflets de tant d'œuvres courageusement accomplies; vous surtout, vous deux, anges vivants de l'église de Grenoble, dont l'un a eu ce matin la consolation de consacrer, malgré sa fatigue, un temple où de profonds échos redisent son nom : dont l'autre, noble et vaillant défenseur de la Salette, recueille en ce moment une première récompense de sa belle énergie. Et puisque je parle d'églises construites et de courage en face des révolutions, puis-je ne pas vous nommer, ô mon frère bien-aimé de Notre-Dame de Genève. Je sens que ce nom seul fait de nouveau saigner votre cœur ; je vous adjure du moins de nous le redire demain, avec votre incomparable parole ; quand vos larmes coulent, ne les consolez-vous pas en vous rappelant combien la France vous aime ?

Cependant, mes frères, puisque Mgr l'évêque de Grenoble a daigné m'honorer jusqu'à me prier de vous parler aujourd'hui, je veux essayer de vous dire en quelques mots la signification que la cérémonie de ce matin emprunte plus particulièrement à la situation présente. Qu'est-ce aujourd'hui qu'un sanctuaire bâti et solennellement consacré à la Salette? Et nous, pèlerins de toutes les conditions, de tous les âges et de toutes les contrées, pourquoi sommes-nous sur cette montagne?

D'abord, cette construction d'une église et votre présence à la Salette sont une protestation. Hélas ! protester, c'est presque uniquement ce qu'il nous est possible de faire à l'heure présente. Et contre quoi protestons-nous? Nous protestons contre l'une des plus malheureuses tendances de notre époque : la négation dédaigneuse du surnaturel. Que de fois n'avez-vous pas constaté vous-mêmes, mes bien chers frères, l'orgueilleux et froid dédain qu'éveillent dans notre siècle les merveilles du surnaturel, les miracles, les apparitions, les prodiges et l'intervention palpable de Dieu au sein de l'humanité !

Il s'est levé, dans ces derniers temps, je ne sais quel vent de l'enfer qui s'efforce de flétrir par le mépris, et par le mépris tout seul, les plus légitimes croyances. De quelle manière les attaque-t-on ? Non plus par le raisonnement, par un examen sérieux et approfondi. On s'est attaqué à la manifestation divine par la négation. La négation est le grand langage de l'hostilité contemporaine. Parlez de miracles aujourd'hui dans un certain monde, mettez les récits merveilleux, les apparitions de la Salette et de Lourdes ou de Pontmain ; mettez-les entre les mains de certains hommes importants de notre époque, qu'obtiendrez-vous ? une discussion ? Non, on ne discute pas, on hausse les épaules et on nie. Voulez-vous me permettre un mot qui, de nos jours, semble avoir acquis le droit de passer en usage ? Aujourd'hui on invalide le miracle ! on l'invalide sans pudeur et sans façon, comme on s'efforce d'invalider, sur le terrain même de ses plus évidents triomphes, l'influence du clergé et des ordres religieux.

C'en est fait, le progrès a marché, et le public est préparé à l'invalidation sans phrases. Des miracles ? il n'y en a plus ! L'intervention providentielle de Dieu ? Que venez-vous nous dire ? nous sommes des hommes qui marchons sur nos sentiers. Quels nouveaux sentiers voulez-vous nous tracer ? Nous ne sommes plus au moyen-âge, et les lumières de l'esprit moderne ont mis pour toujours en fuite ces fantômes, cette fiction du surnaturel ; on ne croit pas. Que n'a-t-on pas dit, que n'a t-on pas écrit sur la Salette, par exemple, à l'époque où ces deux enfants, dans ce vallon que je contemple de mon regard attendri, virent des choses qu'ils ne comprirent pas, entendirent des paroles dans un langage qu'on ne leur avait jamais parlé, qu'ils répétèrent cependant sans jamais se contredire, en dépit des questions les plus embarrassantes et les plus insidieuses ? Et que n'a-t-on pas dit dernièrement encore ? Quels outrages dans les journaux ? Quelles moqueries ridicules ? Que d'insultes n'a-t-on pas jetées sur le miracle de la sainte montagne ?

Mes frères, vous me permettrez de vous dire ceci, puisque c'est écrit dans l'histoire locale, tandis que Maximin et Mélanie étaient là, et que, sous le rayonnement de la sainte Vierge Marie, ne comprenant pas, ils s'interrogeaient eux-mêmes, ayant au moins le respect de l'étonnement, vous l'avez entendu raconter, vous l'avez lu ; il y avait là aussi un animal silencieux, le chien de Maximin ; il était méchant, et il se tut ! Depuis lors, le miracle a eu ses aboyeurs ; cherchez-les parmi les chrétiens baptisés ; il y aura ainsi, jusqu'à la fin, des hommes qui, incapables de raisonner, sont encore plus incapables de comprendre qu'ils devraient se taire.

Eh bien ! mes frères, à cette audace de l'insulte ou de la négation stupide, il fallait une réponse. L'épiscopat et le sacerdoce la donnèrent par leurs enseignements, et ils la donnèrent dans le ferme langage de l'affirmation, ce langage dont l'Eglise a le droit, puisqu'il est celui de la vérité. De leur côté, les âmes fidèles protestèrent par leur confiance en Notre-Dame de la Salette et par les doux élans de la plus touchante piété. Etait-ce assez? Non, il fallait quelque chose de plus, quelque chose qui répondît par la publicité de l'hommage à la publicité de l'insulte, et qui sortît des limites qui circonscrivent d'ordinaire soit l'enseignement de l'Église, soit la foi soumise et silencieuse de ses enfants; il fallait sortir et de l'ombre du sanctuaire et du secret de la famille. C'est ce qu'a fait la France, c'est ce qu'a fait le monde entier par la solennité des pèlerinages, très facilement rentrés dans nos mœurs; c'est ce que nous faisons aujourd'hui d'une manière plus éclatante par la consécration d'une basilique et par les fêtes magnifiques vers lesquelles se dirigent en ce moment tous les regards de la catholicité. Ce n'est pas que, dans les apparitions et les miracles, nous fassions consister tout le surnaturel; nous avons soin de redire au contraire qu'ils n'en sont qu'une garantie, une preuve et un témoignage, et nous nous empressons d'ajouter qu'au-dessus du miracle, il y a d'autres croyances dont les faits les plus merveilleux ne nous détacheraient pas.

Mais puisqu'on nie hautement, nous affirmons hautement, et c'est pourquoi nous voici accourus innombrables sur ces montagnes jadis silencieuses et dans ces vallées dont le nom n'était pas même connu. Ah! vous proclamiez que la croyance au surnaturel avait fait son temps; vos sarcasmes avaient la prétention de chanter ses funérailles! Voyez plutôt combien elle est vivante encore! Le magnifique psaume *Exurgat Deus*, que nous récitions ce matin à la consécration de cette église, entonne résolûment le refrain de son réveil; il nous la montre se levant à l'heure même de son apparent déclin, *Ascendit super occasum*, et il invite les nations à lui tracer ses routes triomphales, *Iter facite ei qui ascendit super occasum*. Ces routes, nous venons de les parcourir parmi des rochers abrupts et sur des pentes jadis inabordables. Avec quel attendrissement je vous y ai rencontrés hier, ô pèlerins venus de tous les pays, groupés par diocèse, par paroisse ou par famille, ayant marché ensemble plusieurs jours, le regard et le cœur vers la sainte montagne! Qu'il nous était bon de vous entendre nous dire que vous étiez partis, les uns de nos bords méditerranéens, les autres du fond de la Bretagne, ceux-ci de Paris ou de l'extrême Nord, ceux-là du Languedoc, de la Provence et des belles plaines de notre vieux et fidèle Comtat! Comme c'était bien là l'image du Dieu qui se dresse et qui met en fuite ses ennemis : *Exurgat Deus et dissipentur inimici ejus!* La terre entière s'est ébranlée, tandis que les cieux laissaient tomber la sainte rosée de la grâce, *Terra mota est, etenim cœli stillaverunt*, et vous accouriez vers ces montagnes engraissées des dons divins, *Mons coagulatus, mons pinguis*, à côté desquelles toutes les hauteurs de la raison orgueilleuse se dessèchent dans l'aridité ; vous vous élanciez vers ces sommets couronnés de neige comme le Selmon ; mais où il a plu au Seigneur d'établir sa demeure, *Nive dealbabuntur ut Selmon, mons Dei, mons pinguis... mons in quo beneplacitum est Deo habitare in eo.* Vous y veniez parce que c'est là même que l'enfance privilégiée a eu ses ravissements : *Ibi Benjamin adolescentulus in mentis excessu* ; et dans cette éclatante manifestation de la foi au surnaturel, dans cet hommage rendu au témoignage simple et naïf de deux enfants, vous rappelant que Dieu choisit ce qui est faible pour confondre ce qui paraît fort, vous, que je vois ici et que je sais être des hommes intelligents, instruits, savants, ayant une haute situation dans la société, vous prenez votre place, semblables aux princes dont parle le Psalmiste, parmi les enfants du peuple et les jeunes filles chantant leurs joyeux cantiques, *Prævenerunt principes conjuncti psallentibus, in medio juvencularum tympanistriarum.* D'autres princes sont à votre tête : les princes de l'Eglise, messeigneurs, les chefs des tribus et des diocèses, *Principes Juda duces eorum, principes Zabulon, principes Nephtali.* Quel ravissant spectacle ! Quelle vision nouvelle !

Et quand on pense que ce n'est point ici seulement, que ce n'est point seulement aujourd'hui que se produisent, dans leur éclat, ces invincibles protestations ; quand on regarde sur tous ces points de la France et du monde où les pèlerinages se renouvellent chaque jour ; quand on essaie de compter tous ces chars du Seigneur qui, multipliés par dix mille, portent à tous les sanctuaires les âmes croyantes et joyeuses, *Currus Dei decem millibus multiplex millia lætantium*, oh ! alors, on se sent fort comme au milieu d'une victoire, et, arrachant à l'ennemi l'arme de son dédain, on la retourne contre lui, et, du haut des montagnes, à travers l'espace libre et les larges horizons, on répète, plus accentuées et plus sonores, les intrépides affirmations de la foi : Nous croyons, oui, nous croyons !

Toutefois, nos très chers frères, il ne faudrait pas voir uniquement dans la solennité d'aujourd'hui une occasion de protester contre les audacieuses prétentions de la libre-pensée ou les ricanements des impies. Il ne faudrait pas croire non plus que tout est dit, quand on a répondu par une affirmation énergique aux calculs d'une certaine prudence qui touche de bien près à la pusillanimité. Il y a mieux à faire : nous appliquer à nous-mêmes le premier bénéfice des manifestations de notre foi, et en profiter pour devenir meilleurs. D'ailleurs, tout éloquente qu'est votre protestation, une autre éloquence est attachée à la pratique exemplaire de la vie chrétienne. Vous vous êtes montrés sur les hauteurs de la Salette ; souvenez-vous qu'on doit descendre des saintes montagnes avec une auréole au front. Que vous servirait d'avoir pris part aux affirmations extérieures, si votre vie donnait un démenti à ce que vous proclamez comme une gloire qui vous appartient ? Plus vous avez mis d'ardeur à lever le drapeau de la religion, plus vous devez en mettre à pratiquer ses enseignements. Méditez donc cette parole si vraie et si profonde que nous disait hier Mgr l'évêque de Valence : Il faut introduire une réforme dans votre vie, il faut faire de votre vie une prière continuelle. Pèlerins de la Salette, quelle sera cette prière ? La prière du repentir, la prière de la douleur et de l'expiation. C'est ici, en effet, ici même, et mon âme s'émeut quand je vois là, devant moi, cette pierre de l'apparition, c'est ici que la divine Mère du Sauveur s'est montrée, la tête dans ses deux mains. Elle pleurait ! Ne nous a-t-elle pas appris ce jour-là que c'est par la prière accompagnée de la pénitence que l'on parvient à toucher le cœur de son divin Fils ! Elle pleurait ! O bonne Mère, apprenez-nous à pleurer ? *Fac me pie tecum flere, crucifixo condolere, donec ego vixero !* Les larmes ! elles sont le lot de tout le monde ; mais combien qui pleurent et qui ne savent pas pleurer ! On pleure ce qu'on ne devrait pas pleurer ; ou bien ce qu'il est permis de pleurer, on le pleure mal. Vous pleurez l'abandon des hommes, vous ne pleurez pas l'abandon de Dieu ; vous vous lamentez sur vos inévitables tristesses, vos insuccès, vos désenchantements, vos pertes matérielles, l'absence, la séparation. Dieu me garde de condamner toutes ces larmes, surtout quand vous les répandez sur une tombe ; mais ne puis-je pas vous dire que vous pleurez trop souvent comme ceux qui n'ont pas d'espérance ? Vous pleurez de même sur les peines de la vie, vous refusant à croire qu'elles sont presque toujours un bienfait, et vous ne pleurez pas sur les tristesses de Jésus, alors que son regard s'abaisse sur votre cœur ravagé. Ah ! oui, pleurez, mes frères, mais pleurez d'abord vos péchés, vos désobéissances, vos chutes, votre lâcheté dans le service de Dieu ; pleurez l'absence de la foi ou l'oubli de la pratique chrétienne dans votre famille ; pleurez l'ingratitude et les désordres de vos enfants, les folies, les égarements de votre patrie, ses révoltes contre Dieu. Voilà ce que pleura Notre-Dame de la Salette, voilà cette science des larmes que nous devons lui demander : *Fac me pie tecum flere, crucifixo condolere, donec ego vixero.*

La nécessité de la prière nous est encore rappelée par cette église consacrée ce matin. Qu'est-ce qu'une église, sinon la maison de la prière ? Mais prie-t-on partout où s'élèvent des églises ? Oui, sans doute, il reste dans tous les pays des âmes façonnées à la prière, et qui font de la prière comme l'atmosphère pure, parfumée, fortifiante qu'elles respirent chaque jour. Quels ne sont pas toutefois nos gémissements à nous, pasteurs des âmes, en face des lieux saints restés déserts, et quelle n'est pas notre tristesse quand nous voyons des populations nous échapper et perdre le chemin de la maison de prière ! O pèlerins, réunis ce soir sur la montagne où Marie pria et pleura, vous étant retrempés vous-mêmes au contact de ces lieux sanctifiés, allez, rentrez dans votre pays et, par l'exhortation et l'exemple, ramenez et retrempez ceux de vos frères qui ne prient pas ; rappelez-leur le reproche de la sainte Vierge : *On ne prie pas, le saint jour du dimanche n'est pas observé ; au lieu de prier, on blasphème : telle est la cause des fléaux qui vous frappent et des malheurs que subit la France !* Priez donc, mes frères, allez à l'église, fréquentez les sacrements, priez et faites prier.

Et quand, répétant les paroles de Notre-Dame de la Salette, je dis de prier et de faire prier, n'est-ce pas d'abord à vous que je m'adresse, Messieurs du sacerdoce, prêtres si nombreux et si fervents que je vois là, sous mon regard, et que je sens si près de mon cœur? En parlant à tous, pourrais-je ne pas vous parler particulièrement à vous-mêmes, et mes vénérés frères dans l'épiscopat ne me permettront-ils pas de vous adresser nos félicitations et nos encouragements à vous, nos collaborateurs si dévoués, qui semblez tous nous appartenir aujourd'hui, que nous sommes si heureux de rencontrer ici, auxquels nous avons tendu la main et qui nous ouvrez si bien vos cœurs !

Ah ! Messieurs, descendons de la montagne, animés d'un zèle nouveau, et revenons souvent à cette antienne de la consécration que nous chantions ce matin : *Circumdate, levitæ, ad altare Domini Dei ; estote, et vos, canentes hymnum novum, dicentes Alleluia.*

Que de choses j'aurais encore à vous dire, mes frères, sur votre présence aux fêtes de ce jour ! Mais je dois me borner, et je laisse à vos réflexions cette invitation à la prière. C'est là d'ailleurs, on vous l'a dit souvent, le caractère essentiel du pèlerin. O mon Dieu, écoutez cette foule qui prie, vous êtes notre père, ne vous irritez pas davantage, ne vous souvenez plus de nos iniquités ; regardez, nous sommes tous votre peuple : *Et nunc, Domine Pater noster, ne irascaris satis, et ne ultra memineris iniquitatis nostræ : ecce, respice, populus tuus omnes nos.* En vous priant ainsi avec votre prophète Isaïe, nous sommes pleins d'espérance, ô mon Dieu ; quelque sombre que soit notre horizon, quelque triste que paraisse l'avenir, nous y plongeons sans crainte notre regard ; le ciel de l'Église et de la France nous semble presque n'avoir pas plus de nuages que celui qui éclaire aujourd'hui la montagne de la divine Mère; décidés à vivre plus que jamais en vrais chrétiens, nous sentons en nous quelque chose de la puissance même du Dieu qui nous a promis le pardon: heureux d'avoir pu contribuer au salut de la patrie et à la gloire de la sainte Église, nous aimons à saluer des jours meilleurs, et ces jours nous paraissent proches: *Ecce dies veniunt, salvabitur Juda. Canite, tuba, in Sion, quia prope est dies Domini.* Ne craignons donc pas d'entonner l'hymne de notre joie et de redire le cantique des pèlerinages:

Ton jour approche, ô Dieu! Qu'il se lève, qu'il vienne!
De ton bras tout-puissant refais l'humanité;
Parle, nous t'entendrons, et la France chrétienne
Renaîtra dans sa gloire et dans sa liberté.

Le discours fut couronné par la bénédiction solennelle de tous les prélats: cérémonie imposante aussi, et qui produit toujours sur les foules une irrésistible émotion.

Aussitôt la procession se forme et traverse les rangs pressés du peuple qui s'agenouille et qui toujours veut être bénit.

Au chant de l'*Ave maris stella*, le cortège regagne la Basilique, d'où les évêques se retirent dans leurs humbles cellules. Mais il n'y trouveront point le repos, leurs retraites seront assiégées: de pieux pèlerins veulent les voir, obtenir d'eux une parole, une bénédiction spéciale, leur présenter un enfant, un jeune étudiant; les chrétiens sentent si bien qu'ils ont besoin des Évêques. Et les excellents pères de ce peuple pieux laissent faire, et paraissent heureux de la fatigue qu'on leur impose: pour eux aussi c'est le pèlerinage de la pénitence.

Ailleurs la foule se disperse: les uns retournent au sanctuaire, pour prier; les autres assiègent les confessionnaux, pour se préparer à la communion du jour suivant; d'autres parcourent les stations bénies de l'Apparition, faisant le chemin de Croix, sous la direction de M. Graux qui nous parle tout à la fois et des souffrances de Notre-Seigneur et des larmes de la sainte Vierge à la Salette.

Comme la piété inspire de douces émotions! on le voit, on le lit sur tous les fronts. Tous se sentent frères et se montrent les membres d'une même famille. Pas un désordre n'est à réprimer. Ces braves gendarmes, prudemment appelés pour veiller à la sécurité de ces chrétiens qui sont sans défiance, n'ont qu'à se promener au milieu d'un peuple qui leur est sympathique, et qui n'a nulle peur de les voir dans ses rangs.

A huit heures, les pèlerins sont de nouveau convoqués pour le salut solennel, où le R. P. Giraud, des missionnaires de la Salette, doit porter la parole, en présence des Prélats. La voix des dévoués gardiens du sanctuaire de Marie ne devait pas rester muette, en ces fêtes solennelles.

Le R. Père fait précéder son instruction d'un avis touchant: « En ce moment, dit-il, six cents malades sont dirigés vers le sanctuaire de Lourdes; que tous les pèlerins de la Salette s'unissent à leurs frères souffrants pour prier. Demain, à sept heures, le Révérendissime Père Abbé de la Trappe de Chambarand célébrera, dans ce but, le saint sacrifice à la tribune du couronnement. »

Le missionnaire, laissant aux éloquents Prélats les grands sujets de la Dédicace ou du Couronnement, se propose de glorifier le grand événement du 19 septembre 1846, en le considérant au point de vue théologique. Il y voit une glorification de l'Incarnation de Notre-Seigneur.

Malgré l'apparente aridité du sujet, l'orateur sut tenir longtemps son auditoire attentif, par les considérations les plus éloquentes et les plus neuves sur les caractères d'humilité, d'amour et de triomphe qu'il dévoile dans le mystère de l'Incarnation et dans les circonstances de la célèbre Apparition de Marie.

Le salut est donné par Mgr Robert, évêque de Marseille, tandis que les chœurs de chant exécutent un solennel *Tantum ergo*. Ces bons jeunes gens sont infatigables; pourtant la journée fut rude pour eux; on n'a cessé d'entendre les échos des montagnes retentir de leurs pieux cantiques.

L'assemblée, après le salut, se disperse comme la veille,

mais pour peu de temps. Il était tard, et à onze heures presque tout le pèlerinage se réunissait à l'église, pour renouveler la brillante procession aux flambeaux de la veille. Toute la montagne était illuminée, et des feux de Bengale, aux couleurs variées, jetaient dans ces espaces immenses des reflets magiques.

Le P. Jean Berthier, des missionnaires de la Salette, présida la cérémonie, et sut émouvoir la foule par sa parole pieuse et sympathique.

Les fidèles, toujours infatigables, passent de ces saints exercices à l'audition du saint sacrifice, où tous veulent communier. Ne faut il pas qu'on se sanctifie, par la réception des saints mystères, pour participer dignement à la glorification de Marie? Le jour du couronnement avait paru.

LA JOURNÉE DU 21 AOUT. — COURONNEMENT DE N.-D. DE LA SALETTE.

Marie préparait à son peuple un soleil aussi brillant qu'au jour de son Apparition. Il fallait des fêtes brillantes à la Reine du ciel; elle devait être couronnée au grand jour, et le soleil resplendit.

Dès le matin tout est en fête, les processions des villages d'alentour envahissent la montagne. Il en est qui viennent à pied, de dix à douze lieues, avec leurs bannières déployées, leurs enfants de chœur en cérémonie et leurs jeunes filles en blanc. Les chemins sont encombrés ; mais, à mesure que la foule se verse sur la montagne, elle semble se fondre, et le nombre déjà grand des pèlerins ne paraît pas s'en augmenter.

Les pèlerins d'Arras et de Cambrai sont réunis dans la basilique, où Mgr Mermillod veut bien célébrer à leur intention la messe de pèlerinage.

Cependant les cloches s'ébranlent, leurs sons joyeux annoncent la grande fête, et tous les pèlerins attardés se précipitent vers la tribune du couronnement.

Il est huit heures. Une immense procession forme ses rangs et se développe autour de la colline du Plateau, envoyant des chants joyeux aux villages de la Salette, de Dorsières, des Ablandins, de Fallavaux, de Saint-Julien, et à tous les hameaux de la vallée.

Les bannières de toutes les principales villes de France sont là : Paris, Lyon, Marseille, Lille, Rouen, Dijon, Grenoble, Valence, Metz ! Metz, toujours en deuil et voilée d'un crêpe ! et d'autres villes encore sont représentées. La nouvelle bannière, offerte par la ville de Grenoble, est portée par M. le comte de Monteynard (1).

L'immense pavillon, aux bandes rouges et jaunes, insigne particulier de la nouvelle Basilique, précédé d'une clochette sans cesse agitée, est porté à la suite de toutes les bannières. L'écusson de la Basilique, encadré d'or et surmonté de deux anges d'or, aux ailes déployées, le suit.

La fanfare de la petite ville de Corps est en tête de la procession, et exécute de nombreuses marches, avec un talent que bien des connaisseurs admirent.

Lorsque la procession a accompli son circuit autour du Plateau, elle revient à la porte de la Basilique, où elle reçoit les évêques dans ses rangs et les conduit à la tribune où la Vierge bénie va recevoir la couronne.

Les fidèles placés près des lieux de l'Apparition, comme déjà nous l'avons dit, aperçoivent de tous côtés la statue, encore voilée, l'estrade, les évêques et le clergé. Les bannières se sont rangées tout autour des sièges des évêques, et les protègent de leurs replis contre les ardeurs du soleil. Le spectacle est plein de grandeur.

Le cardinal délégué du Saint-Siège, célèbre le saint sacrifice. Des chœurs nombreux l'accompagnent du chant du *Ky-*

(1) Les bannières des Cercles catholiques d'ouvriers de Grenoble et de Vienne (Isère) sont sur l'estrade, portées par des délégués de ces Cercles.

rie, du *Gloria*, du *Credo*. Le saint sacrifice se termine vers dix heures et demie. Alors commencent les prières du couronnement. Tout le monde est attentif ; on se sent le cœur gagné par l'émotion ; c'est le moment depuis si longtemps désiré ; c'est l'heure du triomphe pour laquelle on a si fermement combattu. Les vaillants champions de la Salette sont plus émus que tous les autres. Mgr Fava, Mgr Paulinier ne détachent point leurs regards qu'ils portent du cardinal à la couronne, de la couronne à l'image de Marie. Mais leur bouche est muette à ce solennel moment.

Les touchantes cérémonies commencent par l'hymne *O gloriosa Virginum ;* « Vierge de gloire couronnée... », terminée par une oraison spéciale et suivie du discours de Mgr Fava.

Mgr l'Évêque de Grenoble avait voulu qu'un illustre orateur portât la parole en ce moment, pour donner plus d'éclat à la glorification de Notre-Dame de la Salette. La Vierge de la Salette ne le permit point. L'exilé de Genève parlera dans la Basilique. A cette heure, c'est l'évêque de Grenoble qui se lèvera dans la sainte assemblée. Comme ce fut à l'évêque de Grenoble de proclamer la vérité de l'Apparition, à ses successeurs de la venger des contradicteurs, c'est encore à l'évêque de Grenoble de proclamer le triomphe.

Et il l'a proclamé de cette parole ardente du missionnaire, qui s'indigne que l'on perde les âmes, arrachées au Christ, leur roi, et qui se dévoue pour les sauver. L'orateur, pris à l'improviste, n'a pas eu le temps de méditer ses paroles ; mais son cœur était plein de pensées ; il les a jetées en courant durant une nuit sans sommeil. Une profonde impression fut produite par le discours éloquent de Mgr Fava, que voici :

Discours de Mgr FAVA,

ÉVÊQUE DE GRENOBLE

PRONONCÉ AU COURONNEMENT DE NOTRE-DAME DE LA SALETTE.

Ego autem non quæro gloriam meam : est qui quærat et judicet.

« Pour moi, je ne cherche pas ma gloire : il est quelqu'un qui la cherchera et me rendra justice. » (Saint Jean, 8, 50.)

Éminence (1),
Messeigneurs,
Mes Frères,

Notre-Seigneur disait un jour : *Je ne cherche pas ma gloire, mais la gloire de mon Père. C'est lui qui cherchera la mienne et me glorifiera sur la terre.* Ces paroles, nous les plaçons en ce moment dans la bouche de la Vierge de la Salette, qui est venue, il y a trente-trois ans, dans nos montagnes, pour rappeler aux hommes la divinité de son Fils. Aujourd'hui, cette ambassadrice céleste est l'objet d'un triomphe éclatant de votre part, Éminence, car vous êtes envoyée par le Pontife auguste de Rome pour la couronner en son nom, et il nous plaît de voir aussi dans votre personne le digne représentant de la France catholique.

Vous, Messeigneurs, vous personnifiez auprès de Notre-Dame de la Salette vos diocèses, tandis que ces foules, venues de toutes parts, lui apportent comme le tribut de l'Église universelle. Enfin, justice est rendue à cette divine Mère dont les pleurs, il y a trente-trois ans, ont coulé sur les rives de ce torrent, dont la voix a retenti en ces lieux, qui a fait entendre ses enseignements au monde entier par la bouche de deux jeunes pâtres. Comme son Fils, et pour l'amour de lui, elle a souffert pendant trente-trois ans la contradiction ; comme lui aussi elle triomphe. Voici le diadème réservé à notre Reine. Avant qu'il ne soit posé sur son front auguste, je m'estime heureux de pouvoir louer cette Mère bien-aimée, en commentant les paroles que j'ai dites, car, à mon avis, elles expliquent admirablement l'apparition de la sainte Vierge dans nos Alpes, ainsi que son triomphe.

Quand l'Homme-Dieu eut glorifié son Père sur la terre, le Père, à son tour, voulut y glorifier son Fils, c'est-à-dire le faire connaître, aimer et servir. Il fonda parmi ces hommes l'empire du Christ, empire immortel, basé sur l'amour et la justice. Les âmes et les peuples qui

(1) S. Ém. le cardinal Guibert.

passent en ce monde adorent Jésus-Christ, et Jésus les bénit. Si ce tribut d'amour lui est refusé, la justice éternelle les châtie. Pour les peuples qui n'ont que la vie passagère de la terre, c'est ici qu'ils sont récompensés ou punis. Pour les âmes, Dieu a aussi l'éternité. « Il faut, dit saint Paul, que tout genou fléchisse au nom de Jésus, « au ciel, sur la terre et dans les enfers. »

Cet empire, Jésus l'avait affirmé lui-même devant Pilate en répondant à ce magistrat qui l'interrogeait : « Vous l'avez dit, je suis roi. « C'est pour cela que je suis né, et je suis venu au monde pour ren- « dre témoignage à la vérité. »

Selon sa promesse « Dieu a donné à son Fils toutes les nations en « héritage, ainsi que le jugement sur les peuples et sur les âmes. » Jésus est donc roi de l'humanité, par droit de naissance, comme Dieu ; et par droit de conquête, en qualité de Sauveur.

Obéir à Dieu en obéissant au Christ, telle est la loi imposée à tous les êtres : peuples, familles et individus, quand ils ont le bonheur de connaître le Verbe incarné : « La justice élève les nations, tandis que « le péché, qui n'est autre que la désobéissance, les réduit bientôt à « la misère. » *Justitia elevat gentem ; miseros autem facit populos peccatum.* (Prov. 14-34.) Vérité évidente, que l'aveuglement des hommes s'obstine à ne pas voir, tandis que de leurs pieds ils foulent sans cesse les débris des nations, des trônes et des pouvoirs renversés par la justice de Dieu, et que, d'autre part, l'histoire leur montre, dans le passé, la prospérité et la gloire des nations soumises de cœur et d'action à la loi éternelle du Christ, loi gardée fidèlement par l'Église infaillible, loi enseignée d'âge en âge, depuis le Calvaire, par le sacerdoce catholique, dont l'existence est aussi assurée que celle de l'Église elle-même, *usque ad consummationem sæculi*, « jusqu'à la fin « du monde. »

Or, mes frères, la France s'éloignait de Jésus-Christ et de sa loi, sous l'influence d'une société occulte, qui date du commencement du dix-septième siècle, et qui a jeté en Europe des racines profondes. Cette société a pour doctrine la négation du vrai Dieu : Père, Fils et Saint-Esprit. Elle ne reconnait d'autre Dieu que la Nature, dont l'homme est le point le plus élevé. Au-dessus de l'homme, il n'y a plus rien. C'est pourquoi les religions sont pour cette société des superstitions. Le catholicisme surtout est l'objet de sa haine, parce qu'il enseigne la vérité avec une autorité suprême, et comme le Christ résume en sa personne le catholicisme tout entier, puisqu'il en est l'Auteur, le Docteur, le Moyen et la Fin, il faut par tout moyen anéantir l'empire du Christ.

Lorsque, en 1846, la sainte Vierge descendit du ciel et parla à Maximin et à Mélanie, et qu'elle reprocha à son peuple de blasphémer le nom de son Fils, qui est le nom de Dieu, alors la franc-maçonnerie, mère commune des diverses sociétés occultes qui agitent aujourd'hui le monde, n'avait pas dévoilé ses desseins. Aussi les larmes de la sainte Vierge ne furent pas plus comprises que ses paroles. Nous n'avions pas enduré non plus les malheurs qui ont fondu sur nous, principalement les souffrances physiques et morales de la guerre ; mais aujourd'hui les plans des sociétés secrètes sont exposés avec audace aux yeux de tous et appliqués partout dans le monde, en Europe surtout. Plus de Dieu, plus de Christ, plus d'Église, plus de dogmes chrétiens, plus de morale évangélique, plus de vertu surnaturelle, plus de sanction divine aux lois, plus d'enseignement qui apprenne à l'enfant l'existence d'un monde supérieur ; voilà, en résumé, la doctrine du grand docteur des sociétés secrètes (1). Elles se traduisent par ces mots : Guerre à toute religion révélée, surtout au catholicisme. La lutte est là, là est la vie ou la mort.

Or, Éminence, Messeigneurs et mes frères, vous enseignez avec une autorité qui me sert de lumière et d'appui devant ce magnifique auditoire, que la vierge Marie, Mère de Dieu, devenue la nôtre par adoption sur le sommet du Calvaire, est associée au gouvernement providentiel des peuples, comme une mère au gouvernement de sa famille. En conséquence, Marie a reçu de son Fils, Roi de l'humanité, une mission à remplir sur la terre : glorifier le Christ, qui s'est donné à nous par elle. Depuis dix-huit siècles, cette divine Mère est fidèle à son mandat, aussi glorieux pour elle que cher à son cœur. Souvent elle s'est montrée aux peuples, tantôt par des actes d'une puissance surhumaine, tantôt en apparaissant personnellement elle-même. Qui donc peut refuser à la sainte Vierge la faculté de se rendre visible à nos regards, de parler et d'agir parmi nous ? « Notre Dieu n'est pas, dit le Sauveur, le Dieu des morts, « mais le Dieu des vivants. » Si donc Abraham, Isaac et Jacob vivent, Marie aussi est vivante, glorieuse et puissante au ciel et sur la terre ; au ciel, d'où elle vient à nous, à son gré, pour nous parler et nous secourir.

Tel était son dessein, dans son apparition du 19 septembre 1846. Le cœur brûlant d'amour pour son Fils, dont elle portait l'image sur sa poitrine, attristée par nos criminels oublis, effrayée des maux qui allaient fondre sur notre patrie et nos familles, sur chacun de nous, cette tendre Mère est venue parler à son peuple, ce peuple de France, toujours généreux pour le bien, mais facile, hélas ! à se

(1) Weisbaupt.

laisser égarer par la passion. La Vierge, dont le regard lit à découvert dans l'ombre, vit les desseins des sociétés occultes, leur but et les moyens qu'elles allaient mettre en œuvre; elle prit pitié de notre malheureux sort, et vint nous parler, plus encore par ses larmes que par son discours. Elle disait en sanglotant : Ils blasphèment le nom de mon Fils !.... Ils ne veulent plus lui obéir... ni le prier, ni l'adorer dans ses tabernacles, ni l'imiter dans ses vertus, ni écouter son Église !

Ils ne veulent plus de mon Fils, qui est la vie des peuples et des âmes, ils courent à la mort, ils seront cruellement châtiés... Mais moi, je suis leur mère, je les aime, je souffre de leurs maux, et ne puis voir leur malheur sans que mon cœur tressaille. C'est pourquoi je pleure... Oui, cette divine Mère pleurait, et ses larmes, mêlées, comme sur le Calvaire, aux larmes et au sang de son adorable Fils, nous ouvraient le chemin du salut.

Ah ! puissions-nous recueillir ces pleurs avec foi et piété ! Puissent-elles, ces larmes, tomber sur nos cœurs, plus durs parfois que ces rochers ! Ce roc s'est attendri, et cette source desséchée, qui désaltère et guérit, n'a plus cessé, depuis lors, de couler. Que nos âmes aussi apprennent de la Vierge à gémir et à pleurer. S'il en est ainsi, Marie sera consolée, son but sera vraiment atteint, puisque la pénitence nous aura ramenés aux pieds de son divin Fils, et par l'amour replacés sur le cœur de notre Sauveur, de notre Père, de Jésus-Christ, Roi immortel de l'humanité, dont l'Éternel, son Père, disait sur la cime du Thabor, en criant aux hommes : « Celui-ci est mon « Fils bien-aimé, en qui j'ai mis toutes mes complaisances, écoutez-« le. » Ce commandement du Père, c'est une loi d'amour, une source de bonheur pour nous. La Vierge de la Salette venait nous le rappeler, avec une tendresse maternelle, qui devrait toucher profondément nos cœurs. Si vraiment nous aimons notre Dieu, si nous savons aimer quelque peu nos frères, prêtons au discours de notre Mère une oreille attentive, faisons-le passer à son peuple, afin que par l'obéissance à Jésus et à sa loi, il détourne de sa tête les fléaux dont il souffre depuis si longtemps. O Mère, que vos larmes parviennent à nous toucher et à nous ramener à votre Fils, sauveur des peuples et des âmes!

II.

« Je ne cherche pas ma gloire, il est quelqu'un qui la cherchera « et me fera rendre justice. » Ces paroles expliquent l'apparition de la sainte Vierge, dans ces montagnes, avons-nous dit. Ajoutons maintenant qu'elles motivent aussi le triomphe de la sainte Vierge dans ces lieux témoins de ses larmes.

« L'humilité précède la gloire », *gloriam præcedit humilitas*, dit l'Esprit-Saint au livre des Proverbes ; et dans l'Évangile nous lisons : « N'a-t-il pas fallu que le Christ endurât toutes ces souffrances pour « entrer dans sa gloire ? — Nul ne sera couronné s'il n'a bien com« battu, » ajoute saint Paul. Telle est la loi : il faut souffrir pour arriver à la gloire, et quand il s'agit de la gloire que Dieu donne, il faut souffrir pour Jésus-Christ, avec Jésus-Christ, *Propter me*, « à cause de moi », a dit le Sauveur lui-même.

Voyez, mes frères, comme ils sont glorieux ceux qui ont souffert pour l'amour de Jésus-Christ ; voyez de quel éclat brille le front de Pierre et de Paul, le front des apôtres, des martyrs, des confesseurs, des vierges, le front de tous les saints. Ah ! s'il nous était donné de percer du regard la voûte des cieux et de contempler l'éternel séjour, nous y verrions les héros chrétiens plongés dans un bonheur infini, tous brillants de la gloire de Dieu. Qu'ils sont nobles parmi les hommes les noms de ces victorieux qui ont conquis la palme de la vertu et sont morts entre les bras et dans l'amour du Christ ! Ce nom fut celui d'un mendiant, d'un Benoît Labre ; le cœur sacré de Jésus a pour lui des tendresses infinies et des gloires universelles. Il suffit de verser quelque parfum, quelques larmes d'amour, comme Madeleine, sur les pieds du Christ Jésus, pour être cité dans l'Évangile et loué dans tous les siècles.

Ainsi agit le Maître pour la plus ignorée des âmes, et l'on ne voudrait pas qu'il glorifiât sa Mère ! Quel serait donc le cœur de Jésus-Christ ? Nous donnerions, nous, à notre mère des couronnes et des gloires sans nom, malgré la froideur de nos âmes, et le Christ, qui est l'amour infini, refuserait à sa Mère le tribut de sa reconnaissance ? Non, il n'en peut être ainsi.

Ici, à la Salette, c'est, en effet, Marie qui pleurait. Ses larmes tombaient sur le Christ ; ses gémissements, ses sanglots, ses profondes humiliations s'adressaient à ce divin Sauveur ; ils étaient provoqués par son amour, en même temps que par l'amour de ce peuple chéri. Ici, c'était la Reine du Ciel qui était tristement assise sur la pierre du rocher, qui gémissait solitaire, comme Jésus, sur le bord du Cédron. Elle n'avait pour témoin de sa peine que deux pâtres ignorants, alors qu'elle abandonnait son âme, impassible, il est vrai, mais sensible toujours, à toutes les nobles émotions que sait inspirer la charité divine.

Depuis lors, que n'a pas souffert la Vierge de la Salette ? Quelles attaques insensées ! Quelles oppositions systématiques, souvent provoquées par la légèreté, puis soutenues par l'orgueil ! La Vierge de la Salette a été traînée devant les tribunaux de l'incrédulité, tournée en ridicule, conspuée, condamnée ; elle était devenue, comme Jésus crucifié, un objet d'opprobre pour le monde, et ceux qui croyaient à l'apparition de la Vierge à la Salette, on les revêtait de je ne sais quelle robe de folie, dont le monde, plus cruel qu'Hérode, semble ne vouloir pas encore les dépouiller.

O Mère, c'est là la reconnaissance que vous ont offerte ceux que vous aimiez, ceux que vous vouliez sauver, ceux que vous vouliez grouper autour de vous et rassembler dans votre maternel amour ! Oui, vous avez souffert, et vous souffrez encore à la vue des blasphèmes dont on outrage votre divin Fils : c'est pourquoi vous avez mérité d'être glorifiée. Vous triomphez, comme Jésus, après trente-trois ans d'épreuves ; ce triomphe est la joie de nos cœurs. Il y a de grandes tristesses qui assombrissent nos âmes, dans les jours que nous traversons ; mais votre couronnement, ô Reine, nous fait oublier tous nos maux. Quand une Mère est acclamée, ses enfants se consolent facilement d'être persécutés. Votre gloire, ô Mère, nous tient lieu de tout ; votre gloire est un bonheur pour nous, capable de charmer nos douleurs et d'enchanter notre vie, si sombre qu'elle soit. Gloire donc à vous, ô Vierge de la Salette ! gloire à vous, Mère bien-aimée, qui avez pleuré, qui avez gémi, qui avez été persécutée pour l'amour de Jésus-Christ ! Vous avez proclamé ses droits éternels sur l'humanité, redit son amour, sa puissance, sa tendresse au Saint-Sacrement, le pouvoir législatif de son Église, les récompenses qu'il promet aux justes, les châtiments dont il menace les pécheurs : vous l'avez glorifié ; à son tour, il vous glorifie et vous fait rendre justice. Gloire à ce divin Fils ! gloire à vous-même !

Est-il étonnant, mes frères, que la Vierge de la Salette ait rencontré tant de contradictions ? Elle portait sur sa poitrine « le signe auquel on contredit, » *signum cui contradicetur*. Son enseignement est celui de l'Évangile, « la grande nouvelle, » comme elle disait elle-même. Elle rappelait au monde qu'il y a dans les cieux un Dieu Créateur et maître des hommes, devant qui nous devons ployer les genoux, qu'il faut adorer, aimer et bénir ; pour qui nous ne sommes que de pauvres créatures ; mais des créatures chères à son cœur, malgré nos misères ; des enfants qu'il veut combler de son amour et de ses bienfaits, à la condition que nous saurons aimer et obéir. Cette doctrine heurte l'orgueil humain, elle contrarie l'erreur des sectes, qui font de l'homme un Dieu ; elle nous humilie en nous enchaînant dans la vérité, à notre place.

Recevoir le bonheur de quelqu'un, telle a toujours été l'épreuve des êtres intelligents et raisonnables. Lucifer et ses anges y ont succombé, nos premiers parents aussi. Avec leur sang, ils nous ont transmis cette maladie de folle indépendance, même en face de Dieu, laquelle nous pousse à rejeter la lumière de la foi pour notre intelligence, et le secours de la grâce pour notre volonté affaiblie par le péché originel. Nous voulons arriver à toute vérité par nos seules forces, et au bonheur par nous-mêmes, comme si le bonheur n'était pas Dieu lui-même, s'unissant à nous. Écoutez, mes frères, écoutez leurs docteurs disant : « L'homme a reçu de la nature l'égalité et la liberté. Les sociétés civiles ou gouvernements ont détruit la liberté, et la propriété a chassé l'égalité. Allez, renversez les lois civiles et religieuses, sur lesquelles reposent l'autorité et la propriété; puis, cette besogne achevée, allez vous plonger dans la jouissance, sans remords et sans Dieu ; goûtez tous les plaisirs auxquels vous convie la nature. »

Ainsi parlent ces hommes, ennemis de toute religion révélée, ennemis surtout du Christ. Nous sommes témoins de leurs actes, et vous, pères, mères et enfants, vous en êtes les victimes. Tel est leur but : déchristianiser la France et le monde. Leurs moyens, vous les connaissez : ils commencent par essayer d'arracher le Christ à l'âme des enfants, à l'âme du peuple, à l'âme de notre patrie. Eh bien ! la Vierge de la Salette est venue, il y a trente-trois ans, nous signaler le péril qui menaçait l'Église et la France; elle a pris soin, en même temps, de nous montrer le remède, qui est de revenir à son Fils. Hélas ! nous n'avons pas assez compris la démarche de notre auguste Mère; fasse le Ciel qu'enfin nous la comprenions.

Faut-il désespérer de l'avenir? Non, mes frères, nous ne devons pas désespérer. Notre-Seigneur disait : « Quand j'aurai été élevé de terre, j'attirerai tout à moi. » Il me semble entendre la sainte Vierge nous dire aussi : « Quand j'aurai été couronnée sur cette montagne comme apôtre de Jésus crucifié; de Jésus, Roi des peuples, des familles et des âmes; de Jésus le père et l'ami des hommes; quand j'aurai été glorifiée sur ces montagnes par la main du vicaire de mon Fils, par la main de mon serviteur, l'apôtre du Sacré-Cœur de Jésus, alors je bénirai plus que jamais l'Église et la France; je ferai succéder le calme à l'orage, je récompenserai la nation qui aura reconnu mon amour maternel en posant sur mon front une nouvelle couronne. »

O Mère, pitié, miséricorde ! Il y a trente-trois ans que l'Église souffre : Pie IX a dit ses grandes souffrances, dans une encyclique célèbre, en novembre 1846; il y a trente-trois ans aussi que l'ère des combats et des divisions a commencé pour nous. O Mère, vous avez souffert avec nous, et voici que vous triomphez ! Daignez associer l'Église et la France, bientôt, à vos joies. Rendez-nous la paix, dont nous avons faim et soif, la paix au sein du peuple, la paix au sein des familles, la paix dans les âmes, par l'ordre chrétien, par l'amour de votre Fils bien-aimé, Jésus-Christ, Notre-Seigneur.

Serviteurs, enfants du Christ et de son auguste Mère, unissons nos cœurs, unissons nos voix, et sous ce ciel immaculé, sur le bord de ce torrent, au milieu de ces montagnes qui ont tressailli à l'aspect de la Mère de Dieu, et au bruit de ces accents, du fond de nos âmes émues, reconnaissantes et fidèles, écrions-nous ensemble, d'une voix unanime : « Gloire à Jésus-Christ ! Gloire à Notre-Dame de la Salette ! »

Les prières liturgiques se poursuivent ; ensuite, on chante le *Regina cœli;* on bénit la couronne; on la parfume d'encens : puis le prélat, tenant le précieux diadème dans ses mains vénérables, soutenu par le diacre qui l'accompagne, gravit lentement, mais avec fermeté, les degrés qui le conduisent jusqu'à la statue.

A ce moment, le voile qui jusque-là l'a tenue cachée aux yeux de la foule est enlevé, un immense cri de bonheur s'élève de toutes les poitrines jusqu'aux sommets des montagnes. Les traits de notre Mère se découvrent : ils sont beaux et doux ; les regards sont baissés vers le peuple. Les mains sont croisées sur la poitrine ; les insignes de la Passion du Sauveur apparaissent ; mais la tête n'a point la couronne de roses, une couronne plus brillante doit la parer.

L'image qui va recevoir le diadème sacré n'est point celle qui sera plus tard sur l'autel du sanctuaire. Celle-ci n'a pu être à temps exécutée, une modeste statue en plâtre, faite sur le modèle de la statue de marbre de Carrare, qui se sculpte à Rome, aura l'honneur du couronnement. Il sera dit que tout aura été humilité, souffrance et contradiction, mais au demeurant amour et triomphe, dans l'événement de la Salette.

Le cardinal s'est agenouillé aux pieds de la statue, et d'une voix faible, mais accentuée, il a prononcé, en latin, ces belles paroles que nous traduisons :

« De même que vous êtes couronnée par nos mains sur la « terre, ainsi puissions-nous mériter d'être couronnés de gloire « et d'honneur par le Christ, dans le ciel ! »

Puis, se levant, il posa le magnifique diadème, tout étincelant de pierreries, mais d'une légèreté et d'une élégance incomparables, sur le front de la Reine de gloire.

Au même instant, M. l'archiprêtre de Saint-Bruno de Voiron, M. Patricot, d'une voix vibrante et distincte, jette à la foule ces acclamations unanimement répétées :

« Gloire à notre Mère Immaculée ! »

« Elle est notre Mère, toujours nous l'aimerons ! »

« Elle est notre Reine, toujours nous la suivrons ! »

Le peuple y ajoute ses propres acclamations, que son cœur et sa piété lui inspirent. En même temps, les cloches jettent dans les airs leurs joyeux carillons; des détonations de pièces d'artifice se répercutent de montagne en montagne, de vallée en vallée ; les battements des mains, les chants, les acclamations, se mêlent et portent l'enthousiasme à son comble.

Mais voici que tandis que le délégué du St-Siège achève les prières et encense l'image couronnée, un prêtre, suivi d'un nombreux cortège, apporte, sous le dais, le Très-Saint-Sacrement pour terminer dignement cette grande fête. Aussitôt tout bruit cesse, la foule recueillie s'agenouille sur le passage du Saint-Sacrement et le corps du Sauveur est déposé solennellement sur l'autel. Pendant ce temps s'achève le cantique d'actions de grâces, par lequel se termine la cérémonie du couronnement.

Des milliers de voix entonnent ensuite le *Tantum ergo*; l'Homme-Dieu, du haut de l'autel, bénit les heureux pèlerins, puis on retourne à l'église en faisant cortège au Saint-Sacrement. Cette fois, les évêques ne bénissent plus le peuple, le Maître est là dont les bénédictions suffisent à tous.

Au retour dans l'église, Mgr l'Évêque de Grenoble publie des télégrammes, dont l'annonce est une joie nouvelle pour les pieux fidèles.

Le premier est du Saint-Siège. Son Ém. le cardinal Nina annonce que le Saint-Père envoie une bénédiction spéciale à tous les pieux pèlerins réunis à la montagne de la Salette.

Les autres télégrammes, venus de Madrid, de Vienne et de Venise, assurent que les catholiques d'Espagne, d'Autriche et d'Italie, se joignent de cœur à ceux de France pour glorifier la Vierge de la Salette. Ainsi toutes les grandes nations catholiques se trouvent réunies dans une même pensée, en ce glorieux jour du 21 août 1879.

Un touchant épisode signala la fin de la cérémonie du Couronnement. Deux nobles jeunes gens, les fils de M. le marquis de Monteynard, un vieux nom du Dauphiné, allèrent allumer à l'autel, aux pieds de la Vierge couronnée, un cierge monumental qu'ils portèrent à la suite du Saint-Sacrement.

Des indiscrets ayant interrogé sur le but de cette offrande, il fut répondu que le don était anonyme et que le vœu concernait de grands intérêts pour la France. On ne put en savoir davantage ; la Vierge de la Salette a le secret : à elle de l'exaucer, si elle le daigne.

Midi était sonné, il était temps que chacun allât prendre un peu de nourriture et de repos. Beaucoup de pèlerins prirent leur réfection à la hâte, pressés de repartir, malgré la volonté qu'ils eussent eue de participer à d'autres cérémonies, touchantes encore, réservées pour le soir de ce grand jour. Mais les impitoyables conducteurs de diligences avaient marqué l'heure inflexible du départ, et Corps n'est pas à petite distance de la Salette. Dès la première heure après midi, les montagnes se dépeuplent visiblement, et la sainte fontaine, jusque-là inaccessible dans les jours précédents, commence à laisser approcher moins malaisément ceux qui ont pu rester.

Parmi ceux qui ont attendu la dernière heure, près de la source, se trouvait son Éminence le cardinal-archevêque de Paris lui-même, qui n'avait osé disputer à la foule une place que l'on avait tant de peine à conquérir, par deux ou trois heures de stationnement et de persévérance. Aussi ne s'approche-t-il de la merveilleuse fontaine que dans cette dernière journée, vers trois heures de l'après-midi. Une bonne femme s'empresse de puiser de l'eau dans sa tasse de fer-blanc et la présente au prince de l'Église, qui ne dédaigne pas de l'accepter et d'y boire.

La digne femme fut récompensée de sa bienfaisance : un pèlerin, témoin de cette scène, se hâte d'échanger la précieuse écuelle contre une belle pièce d'or qu'il remet à la bonne femme, très heureuse de son lot; l'humble vase ne deviendra-t-il pas un jour la relique d'un martyr ? Ce fut sans doute la pensée du pieux pèlerin qui s'en est emparé.

Le salut du soir commença vers cinq heures de l'après-midi.

Mgr Mermillod, l'éloquent évêque d'Hébron, put cette fois faire entendre sa parole sympathique ; ce fut une dernière perle à la couronne de Marie. Voici ce discours :

Discours de Mgr MERMILLOD

PRONONCÉ DANS LE SANCTUAIRE DE NOTRE-DAME DE LA SALETTE DEVANT LA STATUE COURONNÉE DE LA VIERGE DE LA SALETTE, LE 21 AOUT, A CINQ HEURES DU SOIR.

A Deo factum est istud, et est mirabile oculis nostris.

« C'est le Seigneur qui a fait ce prodige, et ce prodige éclate à notre regard. »

Éminence,
Messeigneurs,
Mes frères,

Je ne sais pas s'il y a, dans nos livres saints, une parole plus appropriée aux solennités de ce jour. Tout semblait la rendre impossible : les temps que nous traversons, les railleries des hommes, l'indifférence des uns, l'opposition des autres, et même les prudentes et légitimes hésitations de la sainte Église. Lorsque Dieu, dans les mouvements des choses humaines, fait un signe, ce signe est exécuté avec la majesté et l'ampleur que nous avons contemplées aujourd'hui ; nous en sommes tous les témoins heureux et consolés. Ah ! permettez-moi de vous le dire, si ce matin je n'ai pas eu la consolation de pouvoir parler du haut de cette estrade, au milieu de cette foule immense, c'est qu'il y avait une parole qui était légitimement attendue, celle du pontife de ce diocèse, qui, par la vaillance de sa foi, de son cœur et de son zèle, a amené cet heureux jour : *Hæc dies quam fecit Dominus.* Il a cru, c'est pourquoi il devait parler : *Credidi propter quod locutus sum.* Il a cru et il a affirmé sa foi, et sa voix a trouvé un écho et un retentissement dans le cœur de ces pontifes, de ces prêtres et dans les âmes de ces fidèles. Dieu m'a fait une très grande grâce, une grâce imméritée, celle d'avoir assisté à cinq grands événements de notre époque.

Le premier, j'étais jeune prêtre, c'était dans la grande basilique de Saint-Pierre. Là apparaissait Pie IX sur son siège pontifical, en face de huit cents évêques venus de toutes les parties du monde, de toutes les langues et de toutes les nations, et jetant un regard sur les hauteurs du Ciel il disait qu'il y a quelque chose de plus élevé que toutes les satisfactions matérielles de la terre, c'est la grâce divine, c'est le privilège de l'Immaculée-Conception.

Le deuxième spectacle dont j'ai été le témoin fut la béatification de la bienheureuse Marguerite-Marie; j'ai vu Pie IX aux genoux de cette pauvre fille, la fille de mon père saint François de Sales. A genoux devant elle, il lui demandait de bénir l'Église dans la détresse, et cette humble et pauvre fille, entrée obscure dans le silence du cloître, en est sortie comme une triomphatrice et comme une Jeanne d'Arc du Sacré-Cœur. A cette heure, deux cents vieillards, venus de toutes les parties du monde, représentant toutes les races et toutes les générations, acclamaient l'autorité infaillible du vicaire de Jésus-Christ, de celui qui a reçu le pouvoir suprême, à qui il a été dit : « Je vous donne en héritage toutes les nations du monde. »

Puis, j'ai assisté à un troisième spectacle, au Concile du Vatican. Et à l'heure où tout croule, où aucune autorité n'est plus respectée, où tout est en péril, où même les forces humaines se sentent impuissantes à porter sur leur front les derniers prestiges de la puissance civile, j'ai vu deux grandes cérémonies, les couronnements de Notre-Dame de Lourdes et de Notre-Dame de la Salette.

Nous étions au Concile, nous avions la joie d'y parler, quoique un des plus jeunes évêques, et d'y parler de la Vierge bénie et de cette grotte miraculeuse où Marie immaculée parla à la bergère des champs.

Puis aujourd'hui j'ai vu debout, aimable, calme et fort dans sa verte vieillesse, ce même Pontife qui avait consacré la basilique de Lourdes; il couronne Notre-Dame de la Salette. C'était bien l'oblat de Marie à qui Dieu devait réserver ces grandes consolations. Or, mes frères, ces spectacles, notre siècle peut en rire. En effet, humainement parlant, il y a là quelque chose d'étrange. Comment! voilà Pie IX exilé, jeté sur un rocher à Gaëte, et au lieu de demander aux forces politiques une solution, il écrit à tous les évêques du monde : Que pense votre peuple de l'Immaculée-Conception? Lui, on l'a dit, Pontife mystique, regardant du haut des cieux et comptant absolument sur la puissance merveilleuse qui n'est pas de cette terre, s'est souvenu de cette parole de la Sainte-Écriture : *Levavi oculos in montes unde veniet auxilium mihi*. Puis il a béatifié une pauvre fille de la Visitation qui avait eu les révélations du Sacré-Cœur Et n'est-ce pas une chose étrange que ce Sacré-Cœur, qui devait avoir l'honneur des outrages, eût l'honneur d'être vengé par le pontife de la Salette?

Puis ce concile, ces vieillards qui viennent discuter sur les grandes questions de l'autorité de l'Église, au moment où il semble que l'Église n'ait plus de prestige ni d'autorité? Ces deux couronnements qui se relient à cette fête, ces deux phénomènes, ces deux apparitions merveilleuses, ne sont-ce pas là des faits étranges? Et remarquez bien, mes frères, que l'Église n'oblige pas même à croire à ces apparitions; elle sait, dans sa prudente direction des âmes, que la révélation est terminée par l'Apocalypse de saint Jean, qu'il n'est pas permis d'ajouter un dogme à la foi : mais Dieu ne s'est pas interdit le droit de parler dans des révélations privées. Ceci est un enseignement théologiquement certain, c'est l'enseignement de saint Thomas. L'Ange de l'école dit que Dieu permet ces œuvres et ces révélations pour la direction des choses humaines. Le concile de Latran, s'exprimant sur ce sujet, dit que Dieu ne s'est pas interdit le droit de se manifester aux hommes. Comment celui qui a planté l'oreille se serait-il interdit le droit de parler, de se faire entendre? Mais ces révélations successives que les saints ont obtenues, ces manifestations de sa puissance, Dieu les réserve à certaines époques, à certains temps privilégiés, — et le nôtre est un de ces temps privilégiés, — et nous pouvons bien répéter avec un poète français :

> Et quel temps fut jamais plus fertile en miracles!

Et c'est pourquoi j'arrive au couronnement de la Vierge sur cette montagne et à cet auguste privilége qui paraît si extraordinaire à notre époque.

Dans cette apparition il y a deux choses : une montagne, où la Vierge descend, et des bergers, à qui elle parle. Une montagne! Est-ce qu'il ne semble pas que les montagnes sont toute l'histoire du monde? Est-ce que Dieu n'a pas fait arrêter sur le mont Ararat l'arche qui portait le genre humain? Est-ce que Dieu, pour dicter sa loi, ne s'est pas manifesté sur le mont Sinaï? N'a-t-il pas révélé sa gloire dans splendeurs du Thabor? Est-ce qu'il n'a pas pleuré à la montagne des Oliviers, souffert sur le Calvaire? N'est-ce pas sur la montagne même où il souffrit son agonie, qu'il s'est élancé dans les Cieux? Les montagnes, mes frères, me paraissent et m'ont toujours paru comme les frontières entre Dieu et l'homme.

Dieu descend et l'homme monte : Dieu descend pour s'approcher de l'homme, et l'homme monte pour s'approcher de Dieu. Quand deux peuples sont en guerre, ils se réunissent sur une montagne pour faire un traité de paix. La Salette est donc la montagne choisie par Dieu pour faire un traité de paix avec les hommes. Ne sentez-vous pas, en effet, que sur ces montagnes nous abandonnons les petites passions de l'humanité? Dans ces derniers jours, alors que vous souffriez des privations et du manque de sommeil, vous vous plaigniez peut-être du coin de terre qui vous manquait, et pourtant vous oubliiez ces agitations humaines, cette multitude de combats, de conflits intellectuels, ces mille riens, ces bagatelles dont parle l'Esprit-Saint, qui tourmentent les hommes dans les plaines. Mais, sur les montagnes, le ciel est plus pur, les horizons plus grands, le soleil plus radieux. Est-ce que vous ne sentiez pas, pendant ces deux jours, qu'il y a ici quelque chose de plus grand, de plus majestueux et de plus suave que dans les tumultes de la plaine? Les montagnes ont donc été choisies de Dieu pour l'accomplissement de ses grands desseins, et un poète moderne a pu dire, en parlant de la Chartreuse :

Jéhova de la terre a consacré les cimes.

Les montagnes sont donc l'histoire du monde. Et remarquez bien, mes frères, que Marie, à l'exemple de son Fils, reprend sur la Salette tout l'Ancien Testament pour le reproduire. A sa première station, elle pleure, comme Jésus au Jardin des Oliviers. La Salette n'est-elle pas, en effet, semblable à cette montagne des Oliviers où Jésus-Christ a pleuré? Puis c'est le Thabor où Dieu, parlant à la messagère de la bonne nouvelle comme autrefois il parlait à son fils sur les sommets du véritable Thabor, dit : « C'est là ma fille bien-aimée, écoutez-la. » C'est là que Marie fit entendre à de pauvres bergers ces paroles de la bonne nouvelle, ces paroles précurseurs de la grande Encyclique qui forme le code social du règne du Christ; puis elle s'élève, disparaît et s'évanouit dans les airs; elle s'en va dans les cieux. « *Exaltata est super cœlos.* » Marie a donc reproduit ici, dans les trois scènes de son apparition, toutes les merveilles de l'Ancien Testament, toute l'histoire de l'Évangile ; et par conséquent que trouvent-ils à redire, ceux qui prétendent garder l'Évangile et l'Ancien Testament pour rejeter comme des mensonges toutes les manifestations surnaturelles produites dans les temps modernes? Non, ils ne croient point à l'Évangile ; c'est nous qui écoutons l'Évangile en montant sur ce Thabor pour y couronner la Vierge de la Salette.

En montant avec elle dans un *sursum corda* qui nous fait élever au-dessus de toutes choses, nous réalisons tout à la fois l'Ancien Testament et l'Évangile. Il y a donc une montagne, il y a dessus des bergers. Est-ce que Dieu n'accomplit pas toujours cette loi ? Nous prêtres, nous l'épiscopat, nous sommes les fils du peuple, nous sommes la démocratie chrétienne, nous avons été choisis dans les entrailles de l'humanité. Et dans cette grande loi que Dieu a donnée, il choisit les infirmes pour confondre les forts : *Elegit infirma mundi ut confundat fortia.* N'est-ce pas aussi l'histoire de Moïse, un pâtre jeté sur un berceau de jonc, et qui sera le sauveur d'Israël? N'est-ce pas l'histoire de Saül, qui trouve David trop infirme, car il n'avait que sa fronde choisie dans le torrent : *Quinque lapides lapidissimos ?* N'est-ce pas l'histoire des apôtres que Dieu a pris et qu'il a sortis du peuple ancien : *Non multi nobiles, non multi potentes.* Eh! la fondation du christianisme, n'est-elle pas l'œuvre des petits et des pauvres? On s'étonne quelquefois que Mélanie et Maximin n'aient pas été des saints sur cette terre, et on ne s'étonnera pas qu'ils aient été fidèles à la seule mission que Dieu leur avait confiée. Mais saint Pierre lui-même, après avoir dit : « Mon Seigneur et mon Dieu », et entendu cette parole : « Tu es Pierre, et sur cette pierre je bâtirai mon Église », et après avoir eu ses pieds lavés par son Maître, après avoir entendu son Dieu lui dire : « Tu me renieras » et lui avoir répondu : *Etiam si omnes, ego non*, l'abandonne. Dieu donne une mission, mais il ne donne pas l'impeccabilité et l'absence de faute, et après avoir accompli leur mission, ils rentrent dans le torrent des générations humaines, et vont porter leur âme dans le travail de leur faiblesse et de leur sanctification.

Les pâtres ! n'est-ce pas l'histoire moderne de votre France ? Est-ce que Dieu n'a pas sauvé la France par des bergères ? Est-ce que la bergère de Paris, sainte Geneviève, qui s'unit à sainte Clotilde pour ramener Clovis au pied des autels, n'était pas une pauvre fille ? Et quand elle rencontra cet évêque qui lui donna le voile, cette pauvre fille partit, abandonna son troupeau pour remplir sa mission.

Et la vierge de Domrémy n'était-elle pas aussi une pauvre bergère? Est-ce que sainte Germaine de Toulouse, cette humble bergère, n'est pas devenue aussi l'honneur et la gloire du diocèse de l'éminent cardinal dont nous regrettons l'absence? N'avons-nous pas été les heureux témoins de ces solennités, alors que toute la ville était en fête et en joie, tout entière transformée en reposoir, où chaque fenêtre avait ses cierges et chaque maison ses fleurs, pour redire sa gloire? Une bergère! c'est l'histoire de la France sauvée par des bergères. Et si Dieu a parlé à une pauvre fille, là-bas sur les bords du Gave de vos Pyrénées, il a bien pu choisir deux pâtres de vos montagnes pour leur transmettre les enseignements de son Fils. C'est donc l'histoire de l'Église et du monde, et quiconque a lu le récit de ces événements est obligé de croire à ces choses comme à la manifestation éclatante de la puissance de Dieu. Pourquoi a-t-il choisi ce coin de terre? Je vous ai expliqué le pourquoi des montagnes et le pourquoi des bergers.

Mais pourquoi ce coin de terre et ce vallon jetés aux flancs de nos grandes Alpes, ici où viennent mourir les dernières touffes d'herbe, où le feuillage des arbres ne nous apporte même plus d'ombrage? Pourquoi, mes frères? mais je crains que les forces me manquent, et cependant aujourd'hui mon cœur parlerait toujours, surtout quand il s'agit de ces solennités. Mes frères, on pourrait en donner plusieurs raisons. Je ne suis pas dans les secrets de Dieu; mais Dieu permet quelquefois que nous étudiions ses consonances divines; Dieu nous permet de regarder à travers les trous de la pierre, *in foraminibus petræ*, comme dit la Sainte-Écriture. Et en étudiant de près les mystères de la Salette, nous apercevons plus que les rochers tourmentés, et même plus que ces sommets couverts de neige perpétuelle. Et si la sainte Vierge s'est manifestée dans ce vallon presque inaccessible où quelques rares troupeaux venaient s'égarer, c'est que le diocèse de Grenoble, et ce n'est point un jeu de mots que je veux faire, qui a mérité son nom de *Gratianapolis*, ou ville des grâces, a été le diocèse des grâces de Marie, c'est que sur les cimes du diocèse de Grenoble, depuis des siècles, il y a, entre le ciel et la terre, des chartreux qui prient et chantent les gloires de la sainte Vierge Marie.

Des révolutions ont passé, les mondes ont été tourmentés, les dynasties se sont écroulées, mais eux, au pied de cette croix qui les domine et les protège pendant que le monde tourne selon leur devise, mais eux restent inébranlables : *Stat crux, dum volvitur orbis*; et dans leur désert adorent Jésus et prient la Vierge Marie. De plus ce diocèse est placé sur les confins de cette Italie, à la frontière de cette nation qui a tant reçu de Dieu, n'eût-elle reçu que l'honneur d'abriter le Vicaire de Jésus-Christ, qui a eu des pages si merveilleuses dans les siècles passés. C'est quelques années avant les conflits suscités dans cette nation que Notre-Dame de la Salette vient reposer ses pieds entre Notre-Dame de Lorette, Notre-Dame de la Garde, Notre-Dame de Fourvières, Notre-Dame de Paris, et Notre-Dame de la Délivrance, vient reposer ses pieds entre la France et l'Italie qu'elle aime, parce que ces deux nations sont restées catholiques ; ces deux nations, dont l'une a été la tête de la foi par le Vicaire de Jésus-Christ, dont l'autre en est le cœur par son vaillant apostolat; dont l'une a été la gardienne de la doctrine par son enseignement infaillible, et l'autre le sanctuaire de la flamme par son zèle et son dévouement.

C'est au seuil de ces deux nations catholiques que la Vierge apparaît comme elle apparaîtra au pied des Pyrénées entre l'Espagne et la France, parce que l'Espagne est la nation de la théologie, de l'ascétisme, la nation de sainte Thérèse, la nation qui a donné tant de flamme et de lumière à l'Église, qui avait dû avoir tant de tourments et d'agitations. Oui, sur la tombe de Pie IX, par les mains de Léon XIII ou de ses successeurs, qu'importe ! sur cet arc-en-ciel, dont les pieds reposent sur les pieds de la Salette et de Lourdes, la France renaîtra pour relever les races latines et travailler à la reconstruction de l'unité dans le monde, afin qu'il n'y ait plus qu'un seul troupeau et un seul pasteur, comme s'est terminée la bulle de l'Immaculée-Conception. Voilà donc la raison pour laquelle Marie est apparue sur les hautes cimes placées entre l'Italie et la France. J'ai dit pourquoi elle est apparue sur cette montagne, pourquoi à des bergers, pourquoi dans ce désert : il me reste à vous dire pourquoi elle est apparue dans ces temps.

Mes frères, jamais il n'y a d'époque extraordinaire dans la vie de l'Église, sans qu'elle soit accompagnée de signes miraculeux. C'est un mot dit par un saint Père et reproduit même par un auteur politique, hélas! trop souvent cité, et qui s'appelle Machiavel. Et de Maistre lui-même, dans ses magnifiques *Soirées de Saint-Pétersbourg*, expliquant aussi ce fait, ajoute : « Nous marchons à l'unité religieuse qui s'approche, nous sommes broyés pour être mêlés. Mais nous pouvons saluer de loin cette étoile de Jacob. » Il a écrit cette autre phrase sous l'échafaud de 93 : « Il viendra un temps où la France sera tout à fait religieuse et produira des merveilles. » N'eussions-nous vu que ces merveilles des pèlerinages, ces manifestations récentes dont nous avons été les témoins à Lourdes, et dont nous sommes aujourd'hui les spectateurs attendris à la Salette, comment désespérer ? Quand le pontife de Valence vous redisait son espoir ; quand, hier, nous avons entendu l'évêque de Fréjus chanter la force de l'Église et exprimer la protestation de notre foi ; quand, ce matin encore, j'entends la parole du prophète répétée par l'évêque de ce diocèse : *Non confundar in æternum ;* quand nous voyons tant d'évêques qui travaillent avec générosité au salut de la France ; quand je vois ces basiliques qui sortent de terre, ces merveilles créées sur ces montagnes : quand je vois, même à travers toutes les difficultés, je dirai presque ces témérités, ces audaces, se bâtir au milieu des révolutions, aux cimes de Montmartre, et au milieu des déserts, sur les cimes de la Salette. Nous n'avons peur ni des déserts, ni des orages : les déserts, nous les peuplons ; les orages, nous les dominons. Quand nous voyons nos pontifes qui ont traversé dix-neuf siècles, nous savons que le passé est à nous, que le présent nous le bénissons et que l'avenir nous le préparons.

Par conséquent nous ne sommes pas de ceux qui se découragent. Et pourquoi nous décourager ? Il peut y avoir des évêques qui tombent sous le glaive de la persécution ; c'est l'histoire de tous les siècles et c'est l'histoire de votre siège, Éminence ; mais ce sont les grains les plus féconds : *Moriatur granum et surgat seges gentium.* Nous ne sommes pas de ceux qui désespèrent. Mes frères, il y a trois choses qui meurent : les nuances dans le christianisme, les hérésies, et les sociétés sans Dieu. Il me semble que la sainte Vierge s'est montrée à la Salette pour nous inviter à la pénitence, comme à Lourdes pour nous affermir dans notre espérance. Nous sommes, comme l'arc-en-ciel, formés de toutes les illuminations, de tous les espoirs, de toutes les promesses et de toutes les visions. La première chose qui meurt ce sont les nuances dans l'Église. Il n'y en a plus, maintenant que l'épiscopat est complètement uni à la papauté, malgré les nationalités diverses, quand nous avons vu ces évêques d'Allemagne, que vous nous permettrez de saluer ici, alors qu'ils m'avaient paru hésitants au concile, quand nous les avons vus porter avec magnanimité le drapeau de leur foi dans les prisons et au milieu des souffrances ; quand nous avons vu ces évêques d'Italie spoliés et opprimés, toujours généreux dans leur détresse. Vous voyez donc que toutes les nuances s'effacent, qu'il n'y a plus de barrières pour la grande unité catholique ! C'est la première chose qui meurt au dix-neuvième siècle.

La seconde qui meurt, ce sont les hérésies ; il est remarquable que les protestants n'ont plus de doctrines. Ils sont obligés de s'en aller, ils s'épuisent à garder des dogmes ; obligés de demander au pouvoir civil pour leur culte un appui qui le protège et l'argent qui le nourrisse

Le protestantisme n'a plus rien ; il n'a plus Jésus-Christ, c'est nous qui le gardons sur la poitrine de Marie; et par conséquent ils n'ont plus le Sauveur des peuples et la prospérité des nations.

La troisième chose qui meurt, ce sont les sociétés sans Dieu, sans Jésus-Christ et sans son Église, et qui n'ont d'autre principe que la pure raison humaine. Ne voyez-vous pas cette tour de Babel ? Ils construisent, et jamais les hommes n'ont été plus multipliés et plus impuissants. L'homme du matin détruit l'homme de la veille ; l'homme du soir détruit l'homme de l'aurore, et au milieu des écroulements de la terre, nous chantons, nous : *Veritas Domini manet in æternum*, et devant ces trois écroulements, nous saluons l'avenir, nous nous consolons, avec des femmes qui disent leur chapelet à la Salette, avec de pauvres filles et des dévotes qui vont en pèlerinage à Lourdes, et nous sommes avec les hommes de foi et d'honneur qui représentent les œuvres de bienfaisance de Saint-Vincent de Paul, les cercles catholiques d'ouvriers, les œuvres de charité, l'œuvre de la Propagation de la foi, l'œuvre du Sacré-Cœur et l'œuvre du Vœu national. Tous ensemble, nous avons travaillé à cette grande unité de la foi ; la terre nous manque, mais le ciel nous reste. La Vierge bénie est donc venue en ces temps où Dieu prépare cette grande manifestation de l'unité religieuse dont je parlais tout à l'heure. C'est pourquoi les apparitions sont plus fréquentes, les manifestations plus éclatantes, les miracles plus visibles.

Et quel temps fut jamais plus fertile en miracles ?

Non, l'Église n'est point ennemie de la raison, nous pouvons le dire, nous qui avons assisté au Concile du Vatican. Éminence, vous vous rappelez, quand nous discutions les droits de la raison. Ce n'est pas nous qui avons rejeté la raison ; la science nous est chère, ce n'est pas nous qui la détruisons. Et au moment où le souverain Pontife envoie une couronne à la Vierge, ne trace-t-il pas de sa main cette admirable Encyclique sur la philosophie et la science, où il montre l'harmonie de la foi et de la raison, comme saint Thomas qui composait la *Somme théologique* en même temps qu'il baisait les pieds de l'Enfant-Jésus et chantait les tendresses de l'Eucharistie. C'est ainsi que nous préparons la refonte du monde futur, la synthèse de toutes choses, l'accord de la nature et de la grâce, la rencontre et le concordat de la raison et de la foi sur les cimes de ces grandes montagnes où la raison monte, où la foi triomphe et l'accord s'établit pour toujours. Donc, mes frères, c'est là l'avenir qui nous est réservé. Telles sont les significations du couronnement de Notre-Dame de la Salette.

J'achève, je n'ai plus qu'un mot à dire. Ce matin, quand, les yeux pleins de larmes, après avoir écouté d'un cœur ému le pontife de la Salette, je voyais ce vénérable vieillard monter les degrés de l'autel, il me semblait apercevoir le vieillard Siméon dans le temple ; puis je saluais près de lui tout l'Ancien Testament, je voyais Adam qui disait : « C'est bien la vraie Ève qu'on va couronner. » J'entendais Noé qui disait : « Tu es bien la fille de ma race, toi qui portes Celui en qui ont été bénies toutes les nations. » J'entendais alors David qui la chantait et qui disait : « Elle est grande, elle est belle. » Et Salomon répétait : « Avant que les collines et les monts existassent, j'étais enfanté. » *Ante colles ego parturiebar.*

Je voyais partout les prophètes descendus des hauteurs des cieux et qui disaient à ce prince de l'Église : « Couronnez-la, nous l'attendions. » Puis je voyais à genoux toute l'Église, les apôtres qui l'avaient vue monter au ciel après avoir trouvé son tombeau vide, et qui disaient : *Exaltata est super cœlos.* Je voyais les nations catholiques, l'Espagne, et nous la saluons ici, l'Allemagne venant la prier, l'Italie dévouée à Notre-Dame de la Salette, la Suisse à Notre-Dame d'Ensieldein. Je voyais le berceau de la France, je saluais les saints Pontifes qui ont donné la foi à notre pays dans leurs glorieux successeurs, qui étaient là. Ils étaient là, empourprés du sang de tant de siècles et revêtus de la majesté du passé.

Puis je saluais cette France dans ces Pontifes. Est-ce que je ne voyais pas le siège de Grenoble représenté au moyen âge par les chartreux et par saint Hugues ? Et en même temps cet archevêque vénérable de Besançon nous rappelait saint Lazare et celui de Fréjus, sainte Magdeleine apportant le catholicisme dans notre patrie. Est-ce que je ne salue pas saint Vincent de Paul dans le gardien de son tombeau, l'Évêque d'Aire ? Est-ce que je ne voyais pas saint François Régis dans l'Évêque qui a couronné dernièrement son tombeau ? Et toute la France nous disait : « Couronnez-la ! couronnez-la ! » Et Dieu lui-même a dit : « C'est là ma fille bien-aimée, c'est là ma gracieuse souveraine. »

Je n'ai pas pu parler de vous sur ces rochers ce matin en face d'une foule immense, mais vous me l'accordez, et je vous l'avais demandée, cette grâce de vous dire, avec la France et le dix-neuvième siècle, avec la démocratie chrétienne, ces laboureurs, ces pâtres, ces jeunes filles, ces prêtres et ce clergé qui vous prient avec moi : Aimable travailleuse des siècles, protectrice de l'Église, qu'il m'est doux de parler de vous et de vous saluer dans cette Basilique, après votre couronnement ! Je n'ai plus de cathédrales, vos sanctuaires sont mes cathédrales ; je n'ai plus de patrie, vos pèlerinages sont ma patrie ; c'est toujours de l'exil que je vous implore : *Ad te clamamus exules filii Evæ!* O Vierge bénie, jetez un regard de miséricorde sur mon pays, j'élève mes mains pour prier pour la France et pour l'Église, attirer vos bénédictions sur la France chrétienne, sur la chrétienté relevée, sur l'Église triomphatrice ; et en demandant ces choses à votre cœur par le cœur de Jésus, ce que je vous demande surtout, c'est le bonheur des âmes, la lumière des esprits, la paix des cœurs, la joie des familles, la prospérité des nations et l'honneur de votre Fils, à qui appartient tout honneur dans tous les siècles des siècles. »

Mgr Delannoy, évêque d'Aire, donne le salut et la bénédiction du très saint Sacrement, et ensuite le *Te Deum* est chanté.

Durant ce chant la plus émouvante cérémonie de la journée peut-être s'accomplit.

La statue couronnée de Notre-Dame de la Salette a été transportée sur l'autel majeur, son siège naturel ; là les évêques, en ornements pontificaux, lui rendent les solennels hommages qui lui sont dus. Tous, tour à tour, s'avancent devant la sainte Image, profondément s'inclinent, et lui offrent l'encens. A ce saisissant spectacle, la foule est émue, et des larmes bénies coulent de tous les yeux. Oh ! que Marie est aimée du peuple fidèle !

Le chant du *Te Deum* terminé, tout fut fini.

Mais non, car il est encore quelque chose qui ne se terminera jamais pour les heureux témoins de ces incomparables spectacles, le souvenir des faveurs intimes reçues par chacun de nous.

Soyez donc bénie et glorifiée à jamais, ô Reine des Alpes ! ô Notre-Dame de la Salette !

Après la cérémonie du couronnement, M. Graux, aidé de l'infatigable M. Laroche, rassemble les pèlerins d'Arras et de Cambrai, nous donne les avis du départ, quand tout à coup Mgr Fava apparaît de nouveau au milieu de ses chers compatriotes pour leur donner encore quelques paroles de félicitations et les munir de sa précieuse bénédiction pour eux et leurs familles.

Nous quittons à regret ces lieux bénis, emportant dans nos cœurs les douces émotions qui les remplissent, et surtout un plus grand amour pour la sainte Vierge. Puisse cet amour se manifester par une vie plus chrétienne, et nous procurer, un jour, le bonheur de voir cette bonne Mère couronnée, non plus par la main des hommes, mais par l'auguste Trinité, dans les gloires du Paradis !

La descente se fait sans difficulté jusqu'à Corps où nous retrouvons les voitures qui doivent nous transporter, pendant la nuit, à la gare de Grenoble.

La route fut assez pénible. Nous avions en plus les fatigues de la Salette, et en moins l'agrément du voyage, c'était la nuit.

De plus nous étions à l'impériale, les hommes du moins, et dès lors obligés de nous mettre en garde contre l'invincible sommeil qui nous poursuivait depuis trois jours et qu'il fallait chasser sans pitié sous peine de perdre l'équilibre et de rouler je ne sais où.

Voici La Mure. Tout est fermé : nous n'avons du reste rien à demander à cette heure de la nuit ; nous laissons à nos chevaux le temps de reprendre haleine et après quelque échange de paroles de voitures à autres, nous continuons notre route sans difficulté jusqu'à Laffrey. Autant la montée a été rude, autant la descente sera scabreuse. La pente est rapide, le précipice est à côté du chemin, il faut toute la puissance des freins pour modérer nos voitures.

Mais, comme nous l'avons dit au début de notre récit, les omnibus ne suffisant pas pour le grand nombre des voyageurs, il fallut charger outre mesure et aussi serrer les freins outre mesure pour opérer la descente.

C'est ce qui amena quelques accidents dont nos voyageurs furent quittes pour la peur seulement : « Arrêtez, arrêtez ! » criait-on à tue-tête ; c'était une voiture qui bordait de trop près le précipice, une autr qui perdait un de ses sabots, une autre qui brisait son essieu, une autre enfin qui s'obstinait à brûler : elle essaya de brûler, affirment les voyageurs, à cinq reprises différentes.

Quoi qu'il en soit, nous sommes au bas de la colline, et après les premiers soins donnés à nos véhicules un peu disloqués, nous poursuivons, avec une certaine lenteur toutefois, notre voyage jusqu'à Grenoble où nous prenons, les uns à l'hôtel, les autres au Séminaire, quelques heures de repos, et où les prêtres, ceux du moins qui se sentent valides, peuvent célébrer la sainte messe.

LA GRANDE-CHARTREUSE

C'est bien un peu pour satisfaire notre curiosité que nous faisons cette excursion, mais nous avons quelque peu mérité de la sainte Vierge, et nous nous croyons autorisés à prendre cette récréation qui, du reste, ne nuira en rien aux saintes émotions dont nous sommes remplis.

D'une part, en effet, nous voyons les merveilles que Dieu s'est plu à répandre dans cette nature si sauvage et si fertile tout à la fois ; d'autre part, nous voyons les merveilles que l'homme sait opérer sur lui-même en venant dans cette solitude pour y pratiquer, toute sa vie, le silence, la mortification, l'obéissance, en un mot toutes les vertus qui font la beauté du monde surnaturel. Nous avons donc encore quelque profit à faire dans cette excursion.

Nous voici au point de départ des voitures, c'est-à-dire à Voiron, où nous admirons en passant la magnifique église qui se dresse devant nous. C'est un don fait par les Pères de la Grande-Chartreuse.

Nous quittons la Grand'Place, nous suivons la longue rue Grenette et nous contournons, en montant, la colline du couvent des Oiseaux.

Puis nous arrivons au hameau de la *Thivollière*, au delà duquel nous franchissons un petit affluent de la Morge.

Après la *Thivollière*, c'est *Saint-Etienne-de-Grossey* à 455 mètres d'altitude.

Au sortir de Saint-Etienne, nous continuons de monter et nous pénétrons dans le remarquable défilé du *Grand-Grossey*, long de 2 kilomètres. « Il offre dans toute sa longueur, dit un touriste célèbre, un pittoresque et saisissant spectacle : les sinuosités que décrit la route sont dominées à droite par des parois verticales de rochers que couronnent les arbres, à gauche par d'autres rochers qui surplombent et qui semblent prêts à se détacher pour rouler au milieu même du chemin. »

Sur la gauche, au delà d'une petite fontaine, s'ouvre une fente dans la paroi des rochers, c'est le *Petit-Grossey*, défilé que suivent ordinairement les piétons.

Voici *Saint-Joseph-de-Rivière*, situé à l'issue d'un vallon boisé, au bord de prairies marécageuses, et enfin *Saint-Laurent-du-Pont*, situé sur la rive gauche du Guiers-Mort. Rien de plus charmant que cette partie du trajet de Saint-Laurent-du-Pont à la Grande-Chartreuse : on se rapproche de plus en plus des montagnes dont les pentes sont admirablement boisées et dont de beaux rochers blanchâtres forment la crête supérieure. Ici c'est le Guiers qui bondit avec fracas, là c'est le gigantesque pont dit de Saint-Bruno : devant soi c'est le Grand-Som et la grande croix de bois qui en domine le sommet, enfin c'est un premier tunnel appelé le *Tunnel des côtes de Peya*, un second tunnel appelé *Trou de l'âne,* tous les deux creusés dans le tuf et décrivant des courbes sensibles.

Nous arrivons sur le plateau du couvent, nous nous trouvons fatigués, car il a fallu, là comme ailleurs, permettre à nos mulets d'arriver jusqu'au terme, et pour cela les suivre à pied.

Les portes de la Grande-Chartreuse sont ouvertes ; les bons frères sont là qui nous attendent et nous souhaitent cette cordiale bienvenue qui nous soulage en arrivant.

En quelques instants, tous les pèlerins sont ensemble sur la montagne, les hommes dans le couvent proprement dit, et les femmes dans un bâtiment situé à peu de distance au nord et appelé l'*Infirmerie*.

Non contents de nous accueillir comme des frères, les bons religieux avaient préparé pour les voyageurs, qu'ils savaient venir de loin, une nourriture capable de les restaurer : il était temps, car les privations, l'absence de sommeil, la chaleur et les fatigues de la route avaient ébranlé même les plus robustes, et l'on commençait à se demander comment se terminerait cette sainte et courageuse expédition.

Après le dîner, nous sommes admis, à notre grande satisfaction, à visiter l'intérieur du monastère. Rien de plus touchant que cette visite ! Ici c'est la chapelle, où la prière ne cesse ni jour ni nuit de s'élever vers le Ciel ; là c'est la grande salle du chapitre, où se tient tous les ans le grand conseil de l'Ordre. Là c'est l'ancienne et riche bibliothèque, le sanctuaire dit de Louis XIII, la chapelle des Morts, le cimetière, où dorment en paix de nombreux religieux ; enfin ce sont les longs cloîtres qui ne mesurent pas moins de 300 mètres de longueur, et sur lesquels ouvrent les cellules de chaque religieux.

Nous voici à la cellule du Père Général de l'Ordre (nos pèlerins savent qu'il est du Nord), nous frappons à sa porte pour solliciter sa précieuse bénédiction.

« Vous voulez que je vous adresse quelques paroles, nous dit-il, sur le pas de sa cellule, mais, vous le savez, les chartreux sont plutôt faits pour garder le silence. Du reste, vous parler après les belles choses que vous avez entendues à la Salette, ce serait vous donner du pain sec après un bon dîner: il vaut donc mieux que je me taise. »

Parmi les pèlerins qui l'entourent, il en est qui le connaissent et qui seraient heureux d'avoir avec lui un entretien plus intime. Le Père Général les invite à entrer dans sa cellule, où il donne à chacun les marques les plus délicates de sa bonté et du bonheur qu'il éprouve de posséder un instant ceux qu'il appelle « ses compatriotes et amis ».

Mais voici l'heure du grand silence et par conséquent le moment de sortir des cloîtres. Nous nous retirons dans nos cellules respectives pour prendre, dans un lit cette fois, quelques heures de repos.

Il est 9 heures du soir; l'orage gronde dans la montagne et fait entendre au loin ses échos : bientôt c'est la pluie qui tombe sur les cimes tourmentées qui nous entourent et qui forment en un instant des milliers de cascades, toutes plus retentissantes les unes que les autres.

L'effet est saisissant, et malgré l'exigence du sommeil, nous ne pouvons nous empêcher d'écouter et d'admirer.

Les plus courageux d'entre nous sont debout dès l'heure des Matines, c'est-à-dire 11 heures, pour assister à l'office de nuit dans la chapelle.

Les moins courageux, ou plutôt les moins valides, prolongent un peu leur sommeil : tous cependant sont levés à minuit pour entendre la sainte messe qui va être dite par M. Graux pour tous les pèlerins, prêtres et laïcs. M. le Vicaire-général prie les personnes qui désirent faire la sainte communion de vouloir bien le dire d'avance. Mais le nombre des communions se compte, là comme partout, par le nombre des pèlerins; tous ou presque tous vont s'asseoir à la sainte table, heureux de pouvoir ainsi sanctifier cette nouvelle journée, qui est à peine commencée, par l'assistance à la sainte messe et la sainte communion.

Après cet acte de piété qui soutient nos âmes, nous faisons, autant que nous le pouvons, nos petites provisions de voyage, grâce à l'extrême complaisance des bons Pères et à la gracieuse générosité des bonnes Sœurs, qui ne se lassent pas de nous combler de bienfaits.

Nous cherchons nos voitures un peu à tâtons, car il est 2 heures de la nuit, et l'obscurité est complète. Bref nous parvenons, après quelques erreurs, à trouver ce que nous cherchons, et une fois installés dans nos prisons mobiles, nous descendons la montagne avec précaution, faisant en commun la prière du matin pour remercier Dieu et lui demander sa sainte protection jusqu'au terme de notre voyage.

Il faut ajouter, pour compléter ce récit, que pendant notre excursion à la Chartreuse, un groupe de pèlerins, présidé par M. l'abbé Laroche, se détachait de la masse, et allait passer la nuit dans la ville de Lyon.

Le lendemain, M. Laroche les conduisait dans l'église Sainte-Croix où ils devaient prier en union avec leurs frères qu'ils avaient laissés derrière eux.

M. le Curé de Saulchy-Cauchy, dont la paroisse est vouée à Notre-Dame de la Salette, célèbre le saint sacrifice sur l'autel dit de Notre-Dame des Sept-Douleurs, réunissant ainsi, par ce rapprochement fortuit, l'idée de souffrance et le souvenir de la Vierge de la Salette, qui se montra versant des larmes.

Bientôt les deux tronçons séparés se rejoignent, et nous nous retrouvons réunis à la gare de Lyon pour terminer tous ensemble notre courageux pèlerinage.

MONTMARTRE.

Nous rentrons dans Paris. Il est six heures du matin. Nous avons commencé en demandant une bénédiction à la Mère de Dieu, nous voulons finir en offrant nos actions de grâces à son divin Fils. .

Quel sanctuaire choisirons-nous? Celui du Sacré-Cœur, là où il appelle de préférence tous ses enfants. Nous gravissons cette montagne des martyrs et nous arrivons dans la chapelle provisoire, si remplie déjà d'*ex-voto*, et si fréquentée tous les jours par des pèlerins de Paris et de toute la France !

M. le Vicaire-Général dit la messe d'actions de grâces, pendant que les prêtres du pèlerinage célèbrent sur les autels disponibles. Nous sommes venus pour remercier; nous empruntons les accents de la sainte Vierge, et nous chantons tous d'un même cœur le *Magnificat*, que les assistants, étrangers à notre pèlerinage, sont surpris de chanter avec nous.

M. Graux monte en chaire, et, dans une improvisation qu'il tire de son cœur ému et reconnaissant, il s'exprime ainsi :

« *Mane nobiscum, Domine, quoniam advesperascit.*
« Seigneur, restez avec nous, parce qu'il se fait tard.

« Ce n'est pas, mes frères, la lumière du soleil que nous de-
« mandons : celle-là nous l'avons eue sans nuage dans tout notre
« pèlerinage... Ce que nous demandons, c'est la lumière
« incréée, la lumière véritable, Notre-Seigneur Jésus-Christ,
« avec lequel nous avons vécu d'une manière si intime, pen-
« dant tout le cours de notre pèlerinage.

« Deux disciples de Notre-Seigneur voyageaient sur le che-
« min d'Emmaüs, en compagnie de leur maître... Le soir
« tombait, et comme ils se sentaient échauffés par les entre-
« tiens mystérieux de Notre-Seigneur, ils dirent : « Ne pour-
« riez-vous pas rester avec nous ? car il se fait tard. »

« Notre pèlerinage touche à son terme, mes frères, nous
« allons bientôt nous séparer. Ah ! disons à Notre-Seigneur,
« comme les disciples de l'Evangile : « Seigneur, restez avec
« nous, car il se fait tard. » Ce n'est pas seulement pendant le
« voyage que nous voulons être avec vous, c'est toujours, à
« la vie, à la mort !

« Vous vous rappelez, mes frères, ce que nous avons fait à
« Notre-Dame des Victoires, ce que nous avons ressenti dans
« le sanctuaire si affectionné de Paray-le-Monial, ce que nous
« avons demandé à Ars où la sainteté se présente sous un
« aspect si touchant... Vous vous rappelez Notre-Dame
« de Fourvières... Vous vous rappelez surtout Notre-Dame
« de la Salette, les tressaillements de nos cœurs quand nous
« vîmes le Pontife déposer sur la tête de l'auguste Vierge
« une couronne d'honneur. Tout cela est fini, c'est vrai, mais
« nous conserverons les bonnes impressions que nous avons
« reçues, et ces impressions se traduiront par une vie plus
« chrétienne. Tout à l'heure nous descendrons dans la plaine,

« c'est-à-dire dans la vie pratique ; en face de nos difficultés, « en face de nos devoirs, nous serons plus forts pour vaincre « les difficultés, plus forts surtout pour accomplir les devoirs, « car nous conserverons avec nous, celui qui est la source de « toutes les grâces, Notre-Seigneur Jésus-Christ, avec lequel « nous avons vécu d'une manière si intime pendant les jours « qui viennent de passer : *Mane nobiscum, Domine, quoniam* « *advesperascit.*

« Maintenant nous allons nous séparer : mais désormais « nous sommes unis à la vie, à la mort. De loin comme de « près, nous conserverons, entre nous, ce lien d'étroite amitié « qui fut le caractère distinctif de notre pieux pèlerinage « d'Arras et de Cambrai.

« Daigne le Dieu de l'Eucharistie, que nous conserverons, « cimenter lui-même cette union, comme aux premiers siècles « de l'Église, parmi les chrétiens des catacombes, et nous « recevoir tous, après le pèlerinage de la vie, dans la patrie « des élus, où nous ne ferons qu'une seule et même famille, « pour chanter les louanges de notre Père commun. »

Le saint sacrifice terminé, M. Graux prend de nouveau la parole et annonce aux pèlerins, en les félicitant, qu'il est heureux de pouvoir offrir en leur nom une pierre (300 fr.) pour l'église du Sacré-Cœur de Montmartre.

De plus il a reçu, toujours des pèlerins, une somme de 1,236 fr. pour l'achat d'un *ex-voto*, à Notre-Dame de la Salette.

Cet *ex-voto* sera un calice (1), sur lequel seront gravés les

(1) Ce calice, dont la gravure se trouve en tête de ce volume, est entièrement recouvert d'élégants filigranes aux volutes gracieusement enroulées. Au milieu de ces volutes sont enchâssés douze médaillons en peinture sur émail d'une grande harmonie de touche. Les médaillons représentent les douze Apôtres, six au centre des lobes des pieds et six sur la coupe. Sur le nœud, au milieu de la tige, se trouvent quatre autres médaillons en bas-relief, finement ciselés et représentant les quatre Évangélistes sous leur forme emblématique : un aigle pour saint Jean, un ange pour saint Matthieu, un lion pour saint Marc et un bœuf pour saint Luc

Au centre de la patène et entouré de riches arabesques gravées en saillies, se trouve un troisième médaillon en peinture sur émail plus grand que les douze autres représentant Notre-Seigneur bénissant.

noms des deux diocèses d'Arras et de Cambrai et la date du pèlerinage.

Notre pèlerinage est terminé : Dieu soit loué! Que Marie soit bénie à tout jamais! Nous avons réalisé, pour notre part, la pensée qui nous animait dès le principe. Nous avons donné au Cœur de Jésus quelque consolation, et nous avons contribué avec 15,000 autres pèlerins à exalter, à glorifier Celle que l'enfer avait osé attaquer.

Hommage, amour, reconnaissance à Celle que Dieu nous a donnée pour Mère, et que nous invoquerons plus haut que jamais sous le titre qu'elle s'est donnée elle-même : Notre-Dame de la Salette!

Les membres du Comité, présidés par M. Graux, sont réunis dans un local, *le Chalet Suisse,* pour y prendre en commun le déjeuner d'adieu.

C'est alors que M. Vinchon, vice-président, délégué par M. de Clerck pour le pèlerinage de la Salette, se lève pour témoigner à M. le Vicaire-Général les sentiments de reconnaissance qui animent tous les pèlerins : « Nous ne saurions, « dit M. Vinchon, nous séparer sans vous dire combien nous « sommes reconnaissants pour le dévouement vraiment pa« ternel que vous avez montré dans le cours de notre pèle« rinage, surtout pour les bonnes paroles que vous nous avez « adressées dans tous les sanctuaires que nous avons visités : « nous n'oublierons jamais les heures que nous avons passées « ensemble; elles seront pour les deux diocèses un nouveau « lien qui les unira plus étroitement que jamais! elles seront « particulièrement entre vous, M. le Vicaire-Général, qui « fûtes notre père, et nous, pèlerins, qui fûmes vos enfants « le gage d'une profonde et constante amitié. »

M. Dehau se lève à son tour, et, au nom des pèlerins de Lille, au milieu desquels nous avons vu des familles entières sans excepter les jeunes enfants, M. Dehau qui mériterait pour lui-même des félicitations pour son infatigable dévouement, s'adresse à M. le Vicaire-Général et lui parle en ces termes :

« Dans quelques instants va se terminer le beau pèlerinage « qui nous a donné tant de consolations à tous ! Avant de « se séparer de leurs frères d'Arras, les pèlerins du diocèse « du Nord ont une dette de reconnaissance à payer au nom « de leurs compatriotes ; et vous me permettrez, M. le « Vicaire-Général, d'être auprès de vous leur interprète : « nous n'oublierons pas de longtemps les éloquentes paroles « que vous nous avez adressées à Paray-le-Monial, à Ars, à « Notre-Dame de Fourvières, et vos instructions si touchantes « du chemin de croix de la Salette... Nous n'oublierons pas « non plus les démarches si multipliées de M. l'abbé Laroche « pour prévenir les difficultés et les mécomptes. J'ai une der- « nière demande à vous adresser, c'est qu'à votre retour, « vous vouliez bien remercier Mgr Lequette d'avoir bien « voulu prendre sous son haut patronage notre pèlerinage « à la Salette et s'y être fait représenter par vous, M. le « Vicaire-Général, dont la présence nous a été si précieuse « pendant tout le cours de notre pieux voyage. »

Nous rentrons dans nos foyers dans la soirée du dimanche, un peu fatigués sans doute, mais plus riches des grâces de Dieu, et plus forts que jamais pour accomplir le laborieux pèlerinage de la vie, qui doit nous conduire au séjour des félicités éternelles.

Après quelques jours de repos, dans la matinée de mercredi, nous sommes convoqués dans le sanctuaire de Notre-Dame des Ardents pour offrir, avec nos frères, les pèlerins de Lourdes, nos communes actions de grâces à notre Mère bien-aimée.

Sa Grandeur, Mgr Lequette, veut bien célébrer la sainte messe à l'intention des deux pèlerinages réunis dans une même pensée, la reconnaissance.

Les malades, revenus guéris de Notre-Dame de Lourdes, sont là, témoignant hautement de la bonté et de la puissance de celle qu'on n'invoque jamais en vain. Tous s'approchent de la sainte table pour fortifier de nouveau leurs âmes et pour cimenter, par la sainte communion, le lien qui unit les pèlerins de la Salette et de Lourdes.

Le saint sacrifice terminé, Monseigneur ne voulut pas laisser partir ses chers pèlerins sans leur adresser quelques paroles de félicitation :

« C'est avec un bien vif empressement, dit Sa Grandeur, que nous avons répondu à l'appel qui nous fut fait de célébrer la messe d'actions de grâces pour les pèlerins de la Salette et de Lourdes.

« Nous ne pouvons pas rester indifférent à cette double manifestation, où bon nombre de nos diocésains ont figuré... Nous avons eu nous-même la consolation, dans le passé, de faire notre pèlerinage dans le sanctuaire de Lourdes, et nous étions heureux de nous unir d'esprit et de cœur à ceux qui visitaient le même sanctuaire.

« Soyez donc bénis, chers pèlerins ! Cette fois notre diocèse a été privilégié. Vous avez rapporté des faveurs de la sainte Vierge... Soyez bénis, et bénissez vous-mêmes l'auguste Mère qui accomplit, maintenant comme par le passé, sa mission d'amour pour nos besoins tant spirituels que temporels.

« Vous êtes ici dans un sanctuaire cher à son cœur; priez-la avec non moins de confiance qu'à la Salette, qu'à Lourdes, afin qu'elle conserve dans vos cœurs les saintes impressions qui les remplissent en ce moment, et vous obtienne la grâce d'être toujours fidèles à manifester votre foi de chrétiens et d'enfants dévoués de la meilleure des mères. »

Après ces paroles, qui terminent si bien nos deux pèlerinages, Monseigneur donne à tous sa précieuse bénédiction, comme un père bénit ses enfants au retour d'un long voyage, et chacun se retire plein de joie, de reconnaissance et d'amour.

Ces heures ont vite passé, mais le souvenir en restera toujours gravé dans notre mémoire.

C'est pour fixer davantage ce souvenir que j'ai essayé de retracer à la hâte, d'une manière bien imparfaite, les différents détails de notre pieux voyage à la Salette. Je n'avais guère de titre, encore moins de talent, pour accomplir cette tâche difficile. C'est le respect pour la volonté de mes supérieurs qui m'a fait agir, ainsi que le désir de contribuer pour ma faible part à l'extension du culte de Notre-Dame de la Salette. Puissent ces quelques lignes n'être pas trop indignes des grandes choses que nous avons vues, et laisser, dans les uns, le souvenir du passé, et dans les autres, le désir d'aller eux-mêmes offrir à Notre-Dame de la Salette leur part d'expiation et d'amour.

BONVARLET, Vicaire de la Cathédrale,

Pèlerin de N.-D. de la Salette.

CANTIQUES

A SA SAINTETÉ LÉON XIII

REFRAIN.

Dans nos accents pieux, célébrons cette fête ;
Léon XIII répond aux vœux de notre amour,
Et la Vierge de la Salette
Sur ses monts triomphe en ce jour.

Vers ces sommets le Pontife suprême
Porte aujourd'hui ses regards et son cœur.
En cette fête, à la Vierge qu'il aime
Il veut offrir un noble diadème
La couronnant d'honneur.

Oui, Léon XIII, en sa bonté de Père,
Bénit ce mont qui nous parle des cieux,
Et, Roi captif, du haut de son Calvaire,
Honore encore ce pieux sanctuaire
D'un titre glorieux.

Un jour, le chœur des célestes phalanges
T'acclama Reine en la divine Cour.
De même ici, nous unissant aux anges,
Nous t'entourons de vœux et de louanges,
Mère du bel amour.

Le monde entier tourné vers la Salette
Tressaille, et chante un hymne de bonheur
Que Rome entonne et que l'écho répète.
Tout resplendit aux reflets que projette
Le soleil de ton Cœur.

A toi, l'Église a confié sa voile ;
Protège-la contre les flots amers.
Sur son vaisseau fais briller, douce Étoile,
Des jours heureux, sans nuage et sans voile,
Marie, Astre des Mers.

Du Vatican, domine sur le monde
Un Roi Pontife, un illustre Pasteur ;
Bénis son règne. A l'orage qui gronde
Fais succéder la paix la plus profonde,
Et console son cœur !

Dans tes malheurs, reprends courage, ô France !
Sur toi, rayonne un phare lumineux.
Vers ces monts porte un regard d'espérance.
La Vierge voit tes douleurs, ta souffrance ;
Elle entendra tes vœux !

Nouveau Moïse, aimable Souveraine,
Sur la montagne, implore l'Eternel !
A tes enfants, combattant dans la plaine,
Daigne obtenir une gloire prochaine,
Un prompt secours du Ciel.

Ces jours vont fuir ! Et nos chants vont se taire,
Mais en nos cœurs reste un doux souvenir.
O Mère ! entends encore une prière :
Qu'au loin toujours, et de ton Sanctuaire,
Tu daignes nous bénir !

A SON ÉMINENCE LE CARDINAL GUIBERT

ARCHEVÊQUE DE PARIS.

1.

Toi, de nos cœurs la douce Souveraine,
Vierge Marie, écoute nos accents.
Avec transport, du nom béni de Reine
Nous t'acclamons, nous, tes humbles enfants.
Nous ne pouvons, dans l'exil de la vie,
Orner ton front de célestes splendeurs ;
Mais nous voulons, ô divine Marie,
Te couronner de l'amour de nos cœurs.

2.

C'est notre Père ! Ah ! c'est Léon lui-même
Qui veut orner ton front en ce grand jour.
Oh ! tu sais bien, Vierge, comment il t'aime,
Reçois pour lui nos vœux en ce beau jour.
Avec courage au sein de la tempête
Il nous conduit vers la rive des cieux ;
Protège-le, Vierge de la Salette,
Calme d'un mot l'élément furieux.

3.

A toi toujours, à toi, Vierge Marie,
L'humble tribut de notre tendre amour.
Elle est à toi notre belle patrie,
Protège-la du céleste séjour.
Oui, c'est en vain que des enfants rebelles
Ont oublié promesses et serments ;
Vierge, à ton sceptre on nous verra fidèles ;
Toujours, toujours, nous serons tes enfants.

A MONSEIGNEUR FAVA

ÉVÊQUE DE GRENOBLE.

1.

La Vierge, un jour, quittant la céleste demeure,
Vint tristement s'asseoir sur nos sommets déserts.
Là, se voilant la face, elle gémit et pleure
Sur les péchés de l'univers.

REFRAIN

« En mon nom instruisez la terre.
Dites-lui que dans sa colère
Mon Fils va punir les méchants ;
Sa bonté s'est lassée
Et son heure est passée,
En vain je vous défends. »

2.

Comme d'un Sinaï, la Vierge, à la Salette.
Voulut nous rappeler les saints commandements ;
Et son cœur maternel choisit pour interprète
La voix de deux pauvres enfants.

3.

« C'est sur mon peuple ingrat, c'est sur vous, que je pleure.
Mon Fils est irrité... Je crains pour l'avenir ;
Son bras juste et vengeur va frapper... Voici l'heure !
Je ne puis plus le retenir.

4.

Je souffre tant pour vous qui n'en tenez pas compte !
Sans me lasser jamais, j'implore le pardon.
Et pourtant c'est mon Fils que votre audace affronte,
Qu'on brave, parce qu'il est bon.

5.

Dieu veut, dans sa bonté, qu'allégeant votre peine
Vous suspendiez pour Lui vos pénibles travaux,
Et vous Lui refusez un seul jour par semaine
Pour la prière et le repos.

6.

Vous devez à son Nom les plus humbles louanges,
Et vous le blasphémez, ce Nom terrible et grand,
Qui n'appartient qu'à Lui, Nom sacré que les anges,
Au ciel ne disent qu'en tremblant.

7.

De l'autel déserté, le divin sacrifice
Vous parle vainement de l'amour de Jésus.
Vous allez au plaisir. Craignez que sa justice,
Pécheurs, ne vous entende plus.

8.

Il faut prier mon Fils : il veut que la prière
Fasse mûrir la vigne et jaunir la moisson ;
Car il peut dessécher et réduire en poussière
Le blé penché sur le sillon.

9.

Il peut dire au soleil de féconder la terre,
D'enrichir le désert et l'aride rocher.
Dans sa puissance il peut fertiliser la pierre,
Si l'homme cesse de pécher ».

10.

La Vierge dans les airs disparut radieuse ;
Elle était remontée au céleste séjour
D'où, protégeant encor la France malheureuse,
Elle redit dans son amour :

« En mon nom instruisez la terre, etc., etc. »

COURONNEMENT
DE
NOTRE-DAME DE LA SALETTE

Air, *Pitié! mon Dieu!*

Sommet béni, Montagne de Marie,
Le Ciel entier te contemple aujourd'hui ;
Pour couronner notre Reine chérie,
Sur toi jamais un plus beau jour n'a lui.

REFRAIN.

Ta douce fête
Ravit nos cœurs.
Vierge de la Salette,
Triomphe par tes pleurs.

Avec amour, de la Ville éternelle
Le Roi-Pontife orne ton front vainqueur
D'un diadème, auréole immortelle
Qui resplendit comme un fleuron d'honneur.

Ton sanctuaire, où la foi catholique
Vient répéter, Mère, ses plus doux chants,
Est acclamé du nom de Basilique
Par Léon XIII et par tous ses enfants.

L'enfer frémit, Vierge de la Salette :
Lucifer tremble en voyant ton pouvoir.
Mais l'univers te proclame, te fête,
Et place en toi son invincible espoir.

Joyeux écho de la montagne sainte,
Emporte au loin nos hymnes glorieux.
Redis à tous qu'en cette heureuse enceinte
Règne une Mère exauçant tous les vœux.

Petit ruisseau, fruit des pleurs de Marie.
Révèle-nous les trésors de son cœur.
Par les bienfaits de ton onde bénie,
Répands sur tous baume consolateur.

Elle est à toi, notre terre de France !
Laisserais-tu ton royaume périr?
Non, non ! jamais le cri de sa souffrance
Ne vint à toi, Mère ! sans te fléchir.

Bénis l'enfance ! à son âme candide
Garde la foi, l'enseignement chrétien,
Toi qui, jadis, en ce désert aride,
Lui découvrais la pratique du bien.

Comme Rachel, l'Église militante
Pleure et gémit sur ses fils égarés.
Vierge ! ramène, à sa voix suppliante,
Ces cœurs, hélas! ingrats, dénaturés !...

Reine du Ciel! par nos mains couronnée,
Brille en ces lieux, comme un astre d'espoir ;
Vers tes enfants sois toujours inclinée,
Jusqu'au grand jour de l'éternel revoir !

COURONNEMENT
DE NOTRE-DAME DE LA SALETTE

Air de *N.-D. de la Victoire*, par le R. P. Lambillotte.

Par un chant d'allégresse et de reconnaissance
Venons tous saluer l'aurore de ce jour.
O Mère de bonté, qui chérissez la France,
Recevez de nos cœurs et les vœux et l'amour.

CHŒUR.

Notre-Dame de la Salette,
Nos regards s'élèvent vers vous;
Notre amour vous répète :
Priez ! priez ! pour nous.

L'enfer est déchaîné contre notre patrie ;
Il voudrait nous ravir le trésor de la foi.
Venez pour nous défendre; en vous voyant, Marie,
Soudain nos ennemis fuiront remplis d'effroi.

Que votre cœur encor s'attendrisse, ô Marie !
Voyez de vos enfants les maux et les douleurs ;
Gardez-nous de la foi la lumière chérie ;
Non, sur la France, en vain n'ont pas coulé vos pleurs.

Écoutez nos soupirs, Vierge de la Salette,
Vers vous, en ce beau jour, accourt le pèlerin,
Et votre écho béni vous dit et vous répète :
Jamais, Vierge puissante, on ne vous prie en vain.

Marie, ah ! bénissez le successeur de Pierre ;
S'il couronne en ce jour votre front glorieux,
Nous vous le demandons, déjà, sur cette terre,
Couronnez-le de joie en attendant les cieux !

HOMMAGE A MONSEIGNEUR FAVA !

CHANT

POUR LE

COURONNEMENT DE NOTRE-DAME DE LA SALETTE

20 et 21 août 1879.

CHŒUR.

Montez jusques aux cieux,
Refrains mélodieux !
Échos de la Salette,
Que votre voix répète
Nos chants mélodieux.

Gloire ! gloire à ton nom ! ô Montagne chérie !
Ineffable Thabor ! Sinaï radieux !
O toi qui tressaillis sous les pas de Marie,
Et gardas sur ton front comme un reflet des cieux !

Duo. — Fiers sommets que l'on vénère,
Rendez-vous de l'univers,
Témoins de la Vierge-Mère,
Écoutez !... vers vous la terre
Fait monter ses doux concerts.

Sur un trône éclatant, son image bénie
Qu'entourent à l'envi nos cœurs reconnaissants,
Resplendit aux regards de la foule ravie !
Dites-nous ses grandeurs, Pontifes éloquents !

Duo. — Parlez-nous de sa tendresse
Qui, prévoyant nos malheurs,
Dans la douleur qui l'oppresse,
Vient exhaler sa tristesse
Et verser ici des pleurs.

A genoux ! à genoux ! voici le diadème
Qui doit orner enfin son front suave et pur !
Emblème gracieux de son pouvoir suprême !
Frais bouquet de rubis, d'émeraude et d'azur !

Duo. — Par des routes immortelles,
Les Chérubins lumineux,
Du Vatican, sur leurs ailes
Apportent ces fleurs nouvelles
A la Reine de ces lieux.

L'airain, du haut des tours jetant sa voix sonore,
En joyeux carillons frissonne dans les airs !
Ici, vit-on jamais de plus brillante aurore
Depuis l'heure où le Ciel visita ces déserts ?

Duo. — Prenez vos luths, beaux archanges,
Invisibles pèlerins.
Accourez !... Que vos phalanges
A nos terrestres louanges,
Mêlent leurs hymnes divins.

Tout un peuple, animé d'un céleste délire,
Du cortège sacré suit les pas triomphants.
O moment solennel !... De l'éternel Empire,
Marie ! incline-toi !... souris à tes enfants.

Duo. — Notre Reine est couronnée !...
O merveilleuse splendeur !
Oui, que la foule étonnée,
Devant elle prosternée,
Fasse éclater son bonheur !

Honneur à vous, ô monts fertiles en miracles !
L'Église, avec respect, vous consacre en ce jour.
Tout le ciel est ému... Des divins Tabernacles
Entendez-vous les chants d'allégresse et d'amour !

Duo. — Cimes, que la grâce inonde,
Sur vous la Reine du ciel,
Entr'ouvant sa main féconde
Pour régénérer le monde,
Verse la myrrhe et le miel.

Dis ? pourquoi pleurais-tu sur cette dure pierre,
O Femme ! la splendeur du séjour éternel ?...
Hélas ! contre son Dieu, levant sa tête altière,
Ton peuple avait lassé la clémence du Ciel.

Duo. — Ah ! désormais plus d'alarmes !
Voici, voici notre cœur.
Combien nous goûtons de charmes,
O Mère ! à sécher tes larmes,
A consoler ta douleur !

De l'enfer en fureur entends-tu la tempête ?
Déjà nous frémissons de douleur et d'effroi...
De l'antique serpent, toi qui broyas la tête,
O Vierge ! défends-nous ! la France espère en toi.

Duo. — A ta voix que tout s'apaise !
Tremblant au fond des enfers,
Que Satan vaincu se taise !
Dans la paix que Léon XIII
Illumine l'univers !

Protège de Paris le Pontife admirable
Qui te pare en ce jour de ce bandeau royal,
Des héros, des martyrs, successeur vénérable :
O Mère, abrite-le dans ton cœur virginal !

Duo. — O Jésus ! la France entière,
Répondant à son ardeur,
A Montmartre sera fière
De t'offrir un sanctuaire
Digne de ton divin Cœur.

De lumière et de paix sa parole est remplie.
A son auguste aspect, vers lui volent nos cœurs.
Oh ! prolonge les jours d'une si noble vie !
Conserve à son troupeau le plus doux des Pasteurs.

Duo. — Puis, un jour, douce Patronne,
Dans tes immortels parvis,
Tu lui rendras la couronne
Qui sur ton beau front rayonne,
O Reine du Paradis !

Salut ! temple divin ! monument magnifique
Qu'à Marie ont offert et l'amour et la foi !
Frémis d'un saint orgueil, ô riche basilique !
De Rome la faveur a rejailli sur toi !

Duo. — Mais, sous la pourpre sacrée,
Quel est l'illustre prélat
Qui, de sa main vénérée,
En ce beau jour, t'a parée
De tant de gloire et d'éclat ?

De l'heureuse Toulouse, oh ! c'est l'Ange fidèle !
Une voix nous a dit ses talents, son grand cœur.
Il fut d'Amand-Joseph le père et le modèle,
Et lui fit large part de son noble labeur.

Duo. — Un jour... ô touchante fête !
Notre doux Père, au saint lieu,
Sous sa main courba la tête...
Chantons le nouveau Prophète
Qui sacra l'élu de Dieu !

Ensemble ils ont semé le grain évangélique...
O lointains horizons !... souvenirs toujours chers !...
Parlez, ô Zanzibar ! Saint-Denis ! Martinique !
Iles qui souriez au sein des vastes mers !...

Duo. — Enfin la rive étrangère
Nous a rendu ces trésors !
A l'ombre de notre Père,
De Dieu célébrons la Mère
Dans nos plus joyeux accords !

O Vierge ! tu le sais, en son cœur magnanime
Il médita l'éclat de ton Couronnement.
Partout a retenti sa parole sublime.
Verse lui tes douceurs en cet heureux moment.

Duo. — Pour sa précieuse vie
Nous t'implorons à genoux.
Oh ! garde-le bien, Marie !
Sous sa houlette chérie
Nous coulons des jours si doux !

Et vous tous, accourus aux accents de son zèle
Pour célébrer la Vierge en ces splendides jours,
O Princes glorieux de l'Église immortelle !
Vos noms dans tous nos cœurs sont gravés pour toujours.

Duo. — De la Dame ravissante,
Allez, Messagers nouveaux.
Ah ! votre voix éloquente
Est de sa plainte émouvante
Le plus aimé des échos.

Oh ! parle-nous encore, Justin, dont la grande âme
S'épancha tant de fois sur ces saintes hauteurs !
Qu'ils sont beaux les transports de l'ardeur qui t'enflamme !
De joie, à ton aspect, ont tressailli nos cœurs.

Duo. — Si tes hautes destinées
A notre amour t'ont ravi,
De nos montagnes aimées
Des dons du Ciel embaumées
Les souvenirs t'ont suivi.

Et toi, qui recueillis, à la Grotte chérie (1)
Où Bernadette a vu les célestes splendeurs,
Les sourires sacrés de l'auguste Marie,
Oh ! viens à ses sanglots mêler aussi tes pleurs !

Duo. — A Lourdes, c'est l'espérance,
La tendresse et la douceur.
Mais ici la Pénitence
A Jésus conduit la France
Que transforme la douleur.

Au milieu des Prélats qui célèbrent leur Reine,
D'un illustre exilé nous entendons la voix.
En l'écoutant, nos cœurs que sa parole entraîne
De joie et de douleur sont émus à la fois.

Duo. — Rends au troupeau qui te pleure,
Mon Dieu ! l'élu de ton cœur.
Oh! bientôt fais sonner l'heure
Où Genève en sa demeure
Reverra le bon Pasteur.

Ah ! pourrions-nous laisser ton nom dans le silence,
Toi d'un beau diocèse et l'honneur et l'espoir !
Toi, choisi parmi nous, ange aimé de Valence !
Sur ces monts fortunés qu'il est doux de te voir !

Duo. — Ta voix toujours nous est chère.
Oui, dans tes touchants discours,
Exalte l'aimable Mère
Qui donne à tous, sur la terre,
Tendresse, indulgent secours.

A tous, en ce grand jour, tu seras favorable,
Marie ! auprès de toi, nous voulons désormais
Détourner de ton Fils le courroux redoutable.
Grâce pour les pécheurs qu'irritent ses bienfaits !

Duo. — Quel amour !... oui, tu t'inclines,
Tendre Mère du Sauveur,
Versant des saintes collines
Avec tes larmes divines
Sur eux le sang de son Cœur.

---

(1) Mgr Pichenot, archevêque de Chambéry, ancien évêque de Tarbes.

France! courbe ton front sous sa main radieuse!
Et ta Reine, ô bonheur! te rendra, dès ce jour,
Parmi les nations ta place glorieuse.
Ton Dieu te tend les bras!.. Sois à lui sans retour!

Duo. — Ne méconnais plus ton Père,
Observe ses saintes lois
Sous son appui tutélaire
Tu seras grande et prospère.
France, espère, prie et crois.

Notre Très-Saint-Père le Pape a bien voulu écrire à Mgr l'évêque de Grenoble une lettre dont nous reproduisons, d'après la *Semaine religieuse de Grenoble*, les passages qui suivent :

A notre vénérable frère Armand Fava, évêque de Grenoble,

LE PAPE LÉON XIII.

Vénérable Frère, salut et bénédiction apostolique.

Nous avons été heureux d'apprendre par votre lettre avec quelle pompe et quelle solennité ont eu lieu les cérémonies du couronnement de la Bienheureuse Vierge Marie qui, sous le nom de la *Salette*, jouit dans votre diocèse d'un culte remarquable. Notre joie a été grande de savoir qu'une multitude considérable de chrétiens y a été honorée de la présence de nombreux évêques et de la pourpre cardinalice, et qu'on y a vu briller d'une manière admirable la démonstration d'une vive piété et la filiale affection des fidèles envers la Bienheureuse Vierge.

Ce résultat est dû en grande partie à votre dévotion à l'égard de la très sainte Mère de Dieu et à votre zèle apostolique. Aussi Nous vous en félicitons du fond du cœur et donnons de justes louanges aux efforts constants que vous faites pour exciter et favoriser dans le peuple chrétien un ardent amour envers la Vierge immaculée. L'amour et le culte de Marie, qui progresse de toutes parts, Nous donne l'espoir certain de son secours efficace et de sa puissante protection en faveur non seulement des fidèles du diocèse de Grenoble, mais encore de toute la nation Française pour échapper au suprême danger qui les menace.

. . . .

Donné à Rome, à Saint-Pierre, le 9 septembre 1879, la seconde année de notre pontificat.

LEO PP. XIII.

LISTE DES PÈLERINS DE LA SALETTE

M. le chanoine Henri Graux, vicaire-général du diocèse d'Arras.

Dom Augustin Graux, bénédictin à Marseille.

Dom Aimé Graux, bénédictin à Marseille.

Dom Viaux, bénédictin à Marseille.

M. l'abbé Laroche, curé de Boisleux-Saint-Mard.

Le R. P. Laroche, de la Compagnie de Jésus.

M. Vinchon, à Arras.

Mlle Louise Vinchon, à Arras.

M. Félix Dehau, à Bouvines.

Mme Félix Dehau, à Bouvines.

M. de Puisieux, à Arras.

M. Charles Wanbergue, à Lynde.

M. l'abbé Bonvarlet, vicaire à la cathédrale d'Arras.

Mme Lavoix, à Douai.

Mme Mocq, à Haulchin.

Mme Lesur des Iles, à Saint-Omer.

M. l'abbé Durut, curé de Wancourt.

Mme Durut-Dumont, à Savy-Berlette.

Mlle Marine Coupé, à Hesdin.

Mme Dubois, à Fives.

M. l'abbé Bart, au collège de Tourcoing.

M. l'abbé Leplat, au collège de Tourcoing.

M. l'abbé Lefer, missionnaire apostolique à Lille.

Mlle Augustine Lefer, à Lille.

Mlle Stéphanie Pannecoche, à Lille.

M. Louis Lerville, à Werwicq.
Mlle Louise Constant, à Lille.
M. l'abbé Tabary, curé des mines de Nœux.
M. Conthier, à Saint-Omer.
Mlle Marie Sénéchal, à Carvin.
Mlle Dumont, à Chérisy.
Mlle Jacquart, à Orchies.
M. l'abbé Havet, curé à Febvin-Palfart.
Mlle Loison, à Laventie.
M. l'abbé Chariot, à Boisleux.
M. l'abbé Lemaire, curé de Coquelle.
Mlle Dassonneville, à St-Omer.
Mlle Eugénie Hau, à St-Omer.
Mme Denecker, à Eringhem.
Mlle Flavie Denecker, à Eringhem.
Mlle Bécart, à Eringhem.
M. l'abbé Bouchart, à Bailleul.
M. l'abbé Decherf, à Steenwerck.
Mlle Lecherf, à Roubaix.
Mlle Vannin, à Roubaix.
M. Louis Toulemonde-Parent, à Roubaix.
Mme L. Toulemonde, à Roubaix.
Mme Toulemonde-Nollet, à Roubaix.
MMlles Toulemonde-Nollet, à Roubaix.
M. de Chavaudon-de-Droup, à Saint-Baslo (Aube).
M. Lagace de Blaton, à Pont-sur-Sambre (Nord).
Mlle Sophie Couroublo, à Roubaix.
Mlle Élise Descamps, à Bouvines.
M. Adam, à Tourcoing.
Mme Cateau, à Tourcoing.
Mlle Renaut, à Douai.
Mme Vve Théodore Duhamel, à Roubaix.
Mlle Louise Duhamel, à Roubaix.

M. Edmond Merandet de la Coùr, Langres (Hte-Marne).
M. l'abbé Legrand, à Steenwerck.
M. l'abbé Deman, à Roubaix.
M. l'abbé Wicart, à Wattrelos.
M. l'abbé Vincent, à Croix.
Mme veuve Grimonprez-Rapsaert, à Roubaix.
Mme veuve Lehoucq, à Roubaix.
Mlle Lehoucq, à Roubaix.
Mlle Louise Motte, à Roubaix.
Mlle Van de Croch, à Roubaix.
Mlle Marie Piat, à Roubaix.
M. l'abbé Beheydt, à Nieppe.
M. l'abbé Delecambre, à Salvigny.
M. l'abbé Stoffaes à Winnezeele.
M. Rudant Samuel, à Houlchin.
M. l'abbé Maes, à Lille.
M. l'abbé Bontemps, à Valenciennes.
Mme Maillart, à Tourcoing.
Mlle Jeanne Maillart, à Tourcoing.
Mlle Thérèse Maillart, à Tourcoing.
M. Jean-Baptiste Maillart, à Tourcoing.
M. Étienne Maillart, à Tourcoing.
M. Charles Maillart, à Tourcoing.
Mlle Camille Wattinne, à Tourcoing.
Mlle Catherine Desféré, à Tourcoing.
M. l'abbé Martin, à Somain.
Mlle Philomène Helbec, à Fenain.
Mlle Éloïse Broutin, à Somain.
Mlle Eveline Coustenoble, à Doulieu.
Mlle Singer, à Doulieu.
Mme Cousin-Néberquin, à Estaires.
Mlle des Lyons, à Aire-sur-la-Lys.
Mlle Doutremépuich, à Aire-sur-la-Lys.

M. l'abbé Jean-Baptiste Baillet, à Loos-en-Gohelle.
M. l'abbé Eug. Baillet, à Loos-en-Gohelle.
M. l'abbé Eus. Baillet, à Loos-en-Gohelle.
M. l'abbé Roger, à Tilloy-lez-Mofflaines.
M. l'abbé Fromont, à Arras.
Mlle Marie Renaud, à Aire.
Mlle Lydie Lamour, à Haubourdin.
M. l'abbé Lamerand, à Tourcoing.
Mme Lamerand-Dufour, à Pont-de-Nieppe.
M. Paul Lamerand, à Pont-de-Nieppe.
Mme Carette-Dufour, à Tourcoing.
Mlle Marie Carette, à Tourcoing.
Mlle Marie Flipo, à Tourcoing.
Mlle Marie Béghin, à Hautag.
M. Louis Béghin, à Hautag.
Mlle Victoire Flipo, à Tourcoing.
M. l'abbé Siméon Fourcy, curé à Blangy-sur-Ternoise.
Mlle Victorine Fourcy, à Blangy-sur-Ternoise.
Mme veuve Pacout, à Boisdinghem.
Mlle Euphrasie Chrétien, à Saint-Omer.
Mlle Eugénie Chéroutre, à Lille.
Mlle Aimée Desquiens, à Lille.
Mlle Marie Delozières, à Ligny-les-Aire.
Mlle Adèle Boulanger, à Ligny-les-Aire.
M. l'abbé Carette, curé à Roclincourt.
M. l'abbé Laguillez, à Bucquoy.
Mlle Philomène Laguillez, à Bucquoy.
Mlle Dubron, à Arras.
Mlle Mairesse, à Evin-Malmaison.
M. l'abbé C. Loridan, à Gravelines.
Mlle Ida André, à Arras.
M. Achille André, à Arras.
M. Louis Fava, à Evin-Malmaison.

M. l'abbé Hécart, à Cambrai.
M. l'abbé Couvreur, à Cambrai.
M. l'abbé Dollez, à Cambrai.
M. l'abbé Dreumont, à Ruesnes.
Mlle Louise Tripier, à Haubourdin.
Mme Labbe, à Lille.
M. l'abbé Leplus, curé à Ecquedecques.
M. l'abbé Leplus, à Fleurbaix.
M. l'abbé Loridan, à Douai.
M. l'abbé Poissonnier, à Roubaix.
M. Waymel, à Haubourdin.
Mlle Julie Waymel, à Haubourdin.
Mgr Leroy, curé de Houlle.
Mlle Leroy, à Houlle.
Mlle Callau, à Lille.
Mme veuve Théry-Mathieu, à Arras.
Mlle Lucie Carlier, à Carvin.
M. Charles Carlier, à Carvin.
M. l'abbé Montay, curé de Jeumont.
M. A. Droulers, à Roubaix.
M. Paul Droulers, à Roubaix.
M. l'abbé Tronquoy, à Calais.
M. l'abbé Brandicourt, à Roye.
M. l'abbé Carpentier, à Amiens.
M. l'abbé Lupart, curé à Saulchy-Cauchy.
M. l'abbé Capron, à Vermelles.
Mme veuve Géry-Dambricourt, à Hallines.
M. Géry-Dambricourt, à Hallines.
M. l'abbé Carpentier, à Doulieu.
M. Paul Renard, à Auxi-le-Château.
Mme Renard, à Auxi-le-Château.
Mlle Louise Jonglez, à Lille.
M. le Doyen d'Hazebrouck.

M. l'abbé Vanheeger, à Saint-Sylvestre-Cappel.
Mme René Liefooghe, à Bailleul.
Mlle Stéphanie Van-Merris, à Bailleul.
M. l'abbé Pruvost, principal du collège de Bailleul.
M. l'abbé Gadenne, curé à Raches.
M. l'abbé Lasselin, doyen de Maubeuge.
Mlle Lesage, à Fline-les-Raches.
M. l'abbé Denis, aumônier à Tourcoing.
M. l'abbé Billot, curé à Wimille.
M. l'abbé Bertrand, vicaire à Wimille.
Mme Leclaire, à Wimille.

Les souscriptions recueillies pour l'*ex-voto* et centralisées par M. Alfred de Puisieux, trésorier-délégué du Comité, se sont élevées à 1,236 francs.

Dans cette somme sont compris les dons suivants versés par des personnes qui n'avaient pu se joindre au pèlerinage :

Anonyme (remis par M. l'abbé Pillons) . . .	100
Mlle Lefebvre du Prey	20
Mlle Poulet et sa famille	20
Mme Poiriez et sa famille	10
M. J. Hurtaux et sa famille	5
Le Comité diocésain des Pèlerinages, à Arras .	50

PERMIS D'IMPRIMER :

C. PORTENART,
Vic.-Gén.

Arras, 19 Septembre 1879.

Arras. — Imp. du Pas-de-Calais. — P.-M. Laroche, directeur.

www.ingramcontent.com/pod-product-compliance
Lightning Source LLC
LaVergne TN
LVHW020334230826
846091LV00003B/868

9782012849884